Σ BEST シグマベスト

中
英文法
パターンドリル

杉山一志 著

文英堂

本書を手にとってくれたみなさんへ

みなさん，こんにちは。この本の著者の杉山一志です。まずは，数ある英語の参考書や問題集の中から本書を手にとってくれて，本当にありがとうございます。

早速ですが，英文法というとみなさんはどのようなイメージを持っていますか。学校や塾で勉強する「難しい理論」という感じでしょうか。また，英文法など学ばなくても英語はできるようになるという話を耳にしたことがある人もいるかもしれません。

実は，英文法は私たち日本人が外国語としての英語を習得したいと思った場合，非常に役に立つ道具なのです。みなさんは，日本語を使って家族の人やお友だちと特に問題なくコミュニケーションがとれると思いますが，それは生まれてから今日まで，大量の日本語というシャワーを浴びることによって，日本語の規則やルールを特別に学ばなくても，それが自然に身についているからなのです。もし日本語を習得してきたように，英語でもシャワーを浴びて自然に英語を学ぶとすれば，10年以上はかかってしまうでしょう。それに，日本国内で24時間365日英語にずっと触れる環境を作れる人も少ないのではないでしょうか？

そこで登場するのが「英文法」なのです。「英文法」とは，アメリカ人やイギリス人など英語を母語として生活する人たちが，生まれてから何年もかけて自然に習得する英語のルールを，体系的に学ぶことで学習の効率を上げてくれる，とても便利な道具と言えるのです。

そしてみなさんに知っておいてもらいたいもう1つ大切なことがあります。今，小学校から英語教育が行われるようになり，中学受験，高校受験，大学受験，そして社会人の資格試験など，英語力向上を目的として多くの人が一生懸命，英語を学んでくれています。英語が上達するための大切なことはいろいろあるのですが，「英語の仕組みやルール」つまり「英文法」という話になれば，中学生で学ぶ英文法が最も重要であるということができるのです。高校生になれば，もっと難しい英文法，社会人で学ぶ英文法はさらに難しいものかと言えば，決してそうではありません。僕の感覚的なものですが，将来的に「読む・書く・聞く・話す」という言葉を用いたコミュニケーションをとるための土台が「英文法」だとして，そのために学ぶべき「英文法」は，中学生のときに学ぶものが全体の8割くらいを占めていると言えると思います。

そうしたことから本書では，英語の「肝」とも言える中学3年生の学習内容が余すところなく定着するように，1冊のドリル形式の問題集にしました。みなさんの中から，本書をきっかけに，英語が得意な人が1人でも多く誕生してくれることを心より願っています。

杉山　一志

本書の特色と使い方，音声について

　本書は，中学3年で学習する英語のルール（英文法）を，パターン練習で確実に身につけるためのドリルブックです。

📖 パターン練習とは

　たとえば，**I have visited London twice.**「私はロンドンを2回訪れたことがあります」という例文を，「私たちはアンの家を3回訪れたことがあります」とします。

▼

　We have visited Ann's home three times.

　次に「私の兄は以前，中国を訪れたことがあります」とします。

▼

　My brother has visited China before.

　このように1つの英文の主語や動詞などを変え，くり返し書いて英文法を覚える練習方法です。

1　中学3年で学習するポイントを60セクションにわけてあります。

　中学3年で習う英文法を60セクションに細かくわけているので，そのセクションで勉強するポイントや自分のわからないところ，苦手な部分がはっきりします。間違えた部分は何度も復習しましょう。

2　1セクションは2ページで構成しています。

　1セクションは1見開き（2ページ）で構成しています。英語が苦手な人も無理なく進められます。

3　くり返し書くことで英語のルールがきちんと身につきます。

　各セクションは3つの問題から構成されています。文法事項にそった例文をくり返し書いて反復練習をすることで，英語のルールが自然と身についていきます。

英語音声について

各セクションに1つ音声再生のQRコードをのせています。
スマートフォンやタブレットで誌面上のQRコードを読み取ると解説内の英文とその訳，問題（解答）の英文とその訳の音声を手軽に聞くことができます。
また，無料音声アプリ SigmaPlayer2 からも音声をダウンロードいただけます。

SigmaPlayer2　3001

・音声は無料でご利用いただけますが、通信料金はお客様のご負担となります。
・すべての機器での動作を保証するものではありません。
・やむを得ずサービス内容に変更が生じる場合があります。
・QRコードは㈱デンソーウェーブの登録商標です。

もくじ

セクション

1 現在完了（経験用法） ……………………… 6

2 現在完了（継続用法） ……………………… 8

3 現在完了（完了・結果用法） …………… 10

4 現在完了の否定文 ①（経験・継続）… 12

5 現在完了の否定文 ②（完了・結果）… 14

6 現在完了の疑問文 ………………………… 16

7 現在完了の疑問文の答え方 …………… 18

8 How many times 〜？（経験）……… 20

9 How long 〜？（継続）………………… 22

10 現在完了進行形 …………………………… 24

不規則動詞の変化表 ……………………… 26

確認テスト 1 ……………………………………… 28

11 文の構造 ①　S + V ……………………… 30

12 文の構造 ②　S + V + C ……………… 32

13 文の構造 ③　S + V + O ……………… 34

14 文の構造 ④　S + V + O + O ……… 36

15 文の構造 ⑤　S + V + O + C ……… 38

16 現在分詞（〜 ing）① ………………… 40

17 現在分詞（〜 ing）② ………………… 42

18 過去分詞 ① ………………………………… 44

19 過去分詞 ② ………………………………… 46

20 関係代名詞の主格 which …………… 48

21 関係代名詞の主格 who ……………… 50

22 関係代名詞の目的格 which ………… 52

23 関係代名詞の目的格 whom ………… 54

24 関係代名詞の目的格の省略 ………… 56

25 関係代名詞 that ………………………… 58

26 関係代名詞の所有格 whose ………… 60

確認テスト 2 ……………………………………… 62

27 形式主語構文（It is ... for ＿ to 〜）… 64

28 how to 〜 …………………………………… 66

29 what to 〜 ………………………………… 68

30 where to 〜 ……………………………… 70

31 when to 〜 ………………………………… 72

32 too ... to ～ ················· 74

33 so ～ that + S + V ① ········· 76

34 ... enough to ～ ··············· 78

35 so ～ that + S + V ② ········· 80

36 want ... to ～ ················· 82

37 would like ... to ～ ··········· 84

38 tell ... to ～ ················· 86

39 ask ... to ～ ················· 88

40 使役動詞 make と let ········· 90

確認テスト **3** ················· 92

41 間接疑問文 what ··············· 94

42 間接疑問文 when ··············· 96

43 間接疑問文 where ··············· 98

44 間接疑問文 why ················· 100

45 間接疑問文 how ················· 102

46 間接疑問文 how + 形容詞 [副詞] ······ 104

47 感嘆文 how と what ··············· 106

48 付加疑問文 ····················· 108

49 接続詞 that ··············· 110

50 接続詞 when ··············· 112

51 接続詞 if ················· 114

52 接続詞 after ··············· 116

53 接続詞 before ··············· 118

54 接続詞 because ··············· 120

55 時を表す前置詞 ··············· 122

56 場所を表す前置詞 ··············· 124

57 動詞とともに使われる前置詞 ········· 126

58 仮定法過去 ··············· 128

59 I wish + 主語 + 動詞の過去形 ········· 130

60 仮定法過去完了 (発展) ··············· 132

確認テスト **4** ················· 134

3001

現在完了（経験用法）

セクション **1** 〜 **10** では，**現在完了**を学習しましょう。現在完了は，**過去の出来事や状況を現在の状況に関連づけて述べる表現**で，〈have [has] ＋動詞の過去分詞形〉で表します。現在完了の日本語の意味は 3 種類あります。このセクションでは，そのうちの 1 つである「〜したことがある」という意味を持つ表現を学習しましょう。この意味を表す現在完了の用法を，**経験用法**といいます。

I　**have　played**　that video game once.
　　　 have　＋　動詞の過去分詞形　　　　（私はあのテレビゲームを 1 回したことがあります）

Jack　**has　climbed**　Mt. Fuji before.
　　　 has　＋　動詞の過去分詞形　　　（ジャックは以前，富士山に登ったことがあります）

経験用法は，once「1 回，1 度」，twice「2 回，2 度」，〜 times「〜回，〜度」や before「以前，これまで」という語句とともによく使われることを覚えておきましょう。

Q1 次の英文の（　　）内の正しいほうを選び，◯で囲みなさい。　　　（5点×5 ＝ 25点）

☐ (1) 私はロンドンを 2 回訪れたことがあります。
　　I (visited / have visited) London twice.

☐ (2) 私たちは 3 回あの俳優に会ったことがあります。
　　We (have met / met) that actor three times.

☐ (3) 彼は以前，その新しい機械を使ったことがあります。
　　He (used / has used) the new machine before.

☐ (4) 彼女は以前，彼女の友だちに手紙を書いたことがあります。
　　She (has written / wrote) a letter to her friend before.

☐ (5) 私は以前，この小説家に会ったことがあります。
　　I (have seen / saw) this novelist before.

Q2 次の日本文に合うように，（　　）内の語を並べかえなさい。 (7点×5＝35点)

□ ⑴ 私はこの話を2回聞いたことがあります。
I (heard / have / story / this) twice.

I _____ twice.

□ ⑵ 私たちはあの本を何度も読んだことがあります。
We (times / read / have / book / that / many).

We _____ .

□ ⑶ 彼女は以前，彼に会ったことがあります。
(met / has / before / she / him).

_____ .

□ ⑷ 私たちは以前，大きな地震を経験したことがあります。
(have / we / big / a / had / earthquake / before).

_____ .

□ ⑸ 私の兄は以前，中国を訪れたことがあります。
(China / brother / has / my / visited) before.

_____ before.

Q3 次の日本文を英語に直しなさい。 (8点×5＝40点)

□ ⑴ ボブ（Bob）は私の自転車を3回使ったことがあります。

_____

□ ⑵ 私は以前，物語（story）を書いたことがあります。

_____

□ ⑶ 彼は2回その小説（novel）を読んだことがあります。

_____

□ ⑷ 私たちは1回アン（Ann）の家を訪れたことがあります。

_____

□ ⑸ 彼女は以前，このコンピューターを使ったことがあります。

_____

現在完了（継続用法）

3002

> 現在完了の2つめの用法である**継続用法**を学習しましょう。継続用法は「（ずっと）〜している」の意味で，**過去のある時点で始まった状態・動作が現在までずっと続いている**ことを表します。
>
> ### We **have known** each other **since** childhood.
> （私たちはお互いを子どもの頃から知っています）
>
> ### She **has been** sick **for** a week.　（彼女は1週間病気です）
>
> 継続用法は，for 〜「〜の間」，since 〜「〜からずっと，〜以来」などの語句といっしょに使われます。

Q1 次の英文の（　　）内の正しいものを選び，◯で囲みなさい。　（5点×5＝25点）

☐ ⑴ 私は東京に10年間住んでいます。
　　I (have live / have lived) in Tokyo for 10 years.

☐ ⑵ 私たちは2週間このホテルに滞在しています。
　　We (have stayed / stayed) at this hotel for two weeks.

☐ ⑶ 彼女は彼を知って6か月になります。
　　She (knew / has known / have known) him for six months.

☐ ⑷ 私の友だちは2年間ずっと英語を勉強しています。
　　My friend (have studied / has studied) English for two years.

☐ ⑸ 私の先生は昨年から私たちに数学を教えています。
　　My teacher (has taught / have taught / taught) us math since last year.

Q2 次の日本文に合うように，（　　）内の語句を並べかえなさい。 (7点×5＝35点)

□ (1) 私の家族は 5 年間大阪に住んでいます。
(family / for / has / lived / my / Osaka / in) five years.
_____ five years.

□ (2) 私たちは彼のことを知って 2 週間になります。
(have / for / we / him / known / two weeks).
_____ .

□ (3) 彼女は 20 歳からずっとエンジニアとして働いています。
(she / worked / since / an engineer / has / she / as) was 20.
_____ was 20.

□ (4) 彼は先週からずっと忙しくしています。
(he / been / has / since / week / busy / last).
_____ .

□ (5) 私の息子は 3 年間ずっと埼玉に住んでいます。
(my / Saitama / for / lived / has / son / in) three years.
_____ three years.

Q3 次の日本文を英語に直しなさい。 (8点×5＝40点)

□ (1) 私はこのカメラを 3 年間使っています。

_____

□ (2) 彼はその会社（company）で 10 年間働いて（work for）います。

_____

□ (3) 彼女はこの町に先週の土曜日からいます。

_____

□ (4) 彼らは 5 年間サッカーをしています。

_____

□ (5) ケンは 2022 年から中国語を勉強しています。

_____

現在完了（完了・結果用法）

3003

現在完了の３つめの用法である**完了・結果用法**を学習しましょう。これは，**現在までに動作が完了している**という意味の「〜してしまった，〜したところだ」と，**その完了した動作が現在に及ぼしている結果**の「〜してしまって（その結果，今は）…だ」を表します。完了・結果は，**just「ちょうど」，already「もう，すでに」**などといっしょによく使われます。これらはふつう，have[has]と動詞の過去分詞形の間に置きます。

He has just left.　（彼はちょうど出て行ったところです）

I have already finished my report.　（私はすでにレポートを終えました）

Q1 次の英文の（　　）内の正しいものを選び，◯で囲みなさい。　　（5点×5＝25点）

☐ (1) 私はちょうど彼に真実を話したところです。
I (have just told / told have just) him the truth.

☐ (2) 私の息子は昼食をちょうど終えたところです。
My son (has just finished / have just finished) lunch.

☐ (3) 電車はちょうど出発したところです。
The train (has just leave / has just left).

☐ (4) 私の父はすでに戻ってきました。
My father (has already came / has already come) back.

☐ (5) その学生たちはすでに彼らの宿題を終えました。
The students (have already did / already did / have already done) their homework.

Q2 次の日本文に合うように，（　　　）内の語句を並べかえなさい。 (7点×5＝35点)

□ (1) 彼はもう仕事を終えてしまいました。
He (finished / work / has / already / his).

He _____.

□ (2) 彼女のお父さんはちょうど新聞を読んだところです。
Her father (just / read / has / newspaper / the).

Her father _____.

□ (3) 彼女のお母さんはもうこの小説を読み終えました。
(mother / finished / her / already / has / novel / this).

_____.

□ (4) あなたの先生はちょうど職員室に戻ってきたところです。
(teacher / come / just / your / has / back) to the teachers' room.

_____ to the teachers' room.

□ (5) 私は皿を割ってしまいました。
(the dishes / I / broken / have).

_____.

Q3 次の日本文を英語に直しなさい。 (8点×5＝40点)

□ (1) 私はもう夕食を作りました。

_____

□ (2) 彼女はちょうど彼女の部屋を掃除したところです。

_____

□ (3) 彼はすでにその映画を見てしまいました。

_____

□ (4) 私の弟はその花びん（vase）を割って（break）しまいました。

_____

□ (5) 私たちはちょうど図書館に戻ってきたところです。

_____

現在完了の否定文 ①
（経験・継続）

3004

現在完了を否定文にするときは，〈have[has] not + 動詞の過去分詞形〉の形にします。
have not, has not はそれぞれ haven't, hasn't と短縮形にすることもできます。また，
経験用法の「１度も〜ない，１回も〜ない」には never を使います。

> 継続　**I have not[haven't] played** with Ken for a long time.
> 　　　 have not　　+　　動詞の過去分詞形　　（私はケンと長い間遊んでいません）

> 経験　**She has never been** to America.
> 　　　 has never　+　動詞の過去分詞形（彼女はアメリカに１度も行ったことがありません）

Q1 (　　)の単語を加えて，次の日本文に合う否定文にしなさい。　　(5点×5 = 25点)

☐ (1) 私は長い間，東京に住んでいません。
　　　I have lived in Tokyo for a long time. （ not ）

　　　_____

☐ (2) 彼らは長い間の知り合いではありません。
　　　They have known each other for a long time. （ not ）

　　　_____

☐ (3) 私はこれまで，ロンドンを１回も訪れたことがありません。
　　　I have visited London before. （ never ）

　　　_____

☐ (4) 彼は以前，このコンピューターを１回も使ったことがありません。
　　　He has used this computer before. （ never ）

　　　_____

☐ (5) その男性はこれまで，彼女のような優しい女性に会ったことがありません。
　　　The man has met a kind woman like her before. （ never ）

　　　_____

Q2 次の日本文に合うように，（　　）内の語を並べかえなさい。 (7点×5＝35点)

□ (1) 私はそれほど長くロンドンに滞在していません。

I (not / have / stayed / London / in) for such a long time.

I _____ for such a long time.

□ (2) 私の父はそれほど長く英語を勉強していません。

My father (has / English / studied / not / for) such a long time.

My father _____ such a long time.

□ (3) 私はこれまで，大きな地震を経験したことが1回もありません。

(I / never / had / have / earthquake / big / a) before.

_____ before.

□ (4) 私はこれまで，ローマを訪れたことが1回もありません。

(visited / I / Rome / never / have / before).

_____ .

□ (5) 私は彼女と話をしたことが1回もありません。

I (talked / never / her / with / have).

I _____ .

Q3 次の日本文を英語に直しなさい。 (8点×5＝40点)

□ (1) 彼はこれまで，テニスを1回もしたことがありません。

_____

□ (2) 私は先月から彼女に電話をしていません。

_____

□ (3) ジョン（John）は納豆（natto）を1回も食べたことがありません。

_____

□ (4) 私は彼を1週間見かけていません。

_____

□ (5) 彼女は今週ずっと図書館に行っていません。

_____

13

現在完了の否定文 ②
（完了・結果）

3005

> 現在完了の完了・結果用法の文を否定文にするときも，〈have[has] not＋動詞の過去分詞形〉の形にします。just や already は一般的に肯定文で用いるもので，完了・結果用法の否定文では **yet** を用います。この yet は「**まだ**」という意味で文末に置きます。
>
> **I have not[haven't] finished my report yet.**
> 　　have not　　＋　　動詞の過去分詞形　　（私はまだレポートを終えていません）

Q1 次の英文を日本文に合う否定文にしなさい。　　　　（5点×5＝25点）

□ (1) 私はまだ彼に真実を話していません。
I have just told him the truth.

＿＿＿＿＿＿＿＿＿＿＿＿＿＿＿＿＿＿＿＿＿＿＿＿＿＿＿＿

□ (2) 私の娘は朝食をまだ終えていません。
My daughter has just finished breakfast.

＿＿＿＿＿＿＿＿＿＿＿＿＿＿＿＿＿＿＿＿＿＿＿＿＿＿＿＿

□ (3) 電車はまだ出発していません。
The train has just left.

＿＿＿＿＿＿＿＿＿＿＿＿＿＿＿＿＿＿＿＿＿＿＿＿＿＿＿＿

□ (4) 私の父はまだ仕事から戻ってきていません。
My father has already come back from work.

＿＿＿＿＿＿＿＿＿＿＿＿＿＿＿＿＿＿＿＿＿＿＿＿＿＿＿＿

□ (5) その学生たちはまだ宿題をしていません。
The students have already done their homework.

＿＿＿＿＿＿＿＿＿＿＿＿＿＿＿＿＿＿＿＿＿＿＿＿＿＿＿＿

Q2 次の日本文に合うように，（　　）内の語句を並べかえなさい。　　（7点×5＝35点）

□ (1) 彼はまだ仕事を終えていません。
(yet / finished / work / has / his / he / not).

_____.

□ (2) 彼女のお父さんはまだ新聞を読んでいません。
Her father (the / yet / read / has / newspaper / not).

Her father _____.

□ (3) 彼のお母さんはまだこの小説を読み終えていません。
(mother / yet / finished reading / his / hasn't / novel / this).

_____.

□ (4) 私の先生はまだ教室に戻ってきていません。
(teacher / come / my / hasn't / back) to the classroom yet.

_____ to the classroom yet.

□ (5) ジョンとボブはまだ宿題を終えていません。
(their / finished / John and Bob / yet / haven't / homework).

_____.

Q3 次の日本文を英語に直しなさい。　　（8点×5＝40点）

□ (1) 私はまだ夕食を作っていません。

_____

□ (2) 彼女はまだ彼女の部屋を掃除(そうじ)していません。

_____

□ (3) 彼はまだその映画を見ていません。

_____

□ (4) 私の姉はまだ皿を洗っていません。

_____

□ (5) 私たちはまだ図書館に行っていません。

_____

現在完了の疑問文

3006

> 現在完了を使った文を疑問文にするときは，どの用法も疑問文の作り方は同じで，have [has] を文頭に置き，〈**Have [Has] ＋主語＋動詞の過去分詞形 ～ ?**〉の形にします。just や already は否定文のときと同じように，yet に変えて文末に置きますが，この yet は「もう」という意味になります。
>
> **Have you finished your report yet?** （あなたはもうレポートを終えましたか）
> Have ＋ 主語 ＋ 動詞の過去分詞形

Q1 次の英文を日本文に合う疑問文にしなさい。 (5点×5 ＝ 25点)

☐ (1) あなたはもう彼に真実を話しましたか。
You have just told him the truth.

＿＿＿＿＿＿＿＿＿＿＿＿＿＿＿＿＿＿＿＿＿＿＿＿＿＿＿＿＿＿＿

☐ (2) ボブはもう朝食を終えましたか。
Bob has just finished breakfast.

＿＿＿＿＿＿＿＿＿＿＿＿＿＿＿＿＿＿＿＿＿＿＿＿＿＿＿＿＿＿＿

☐ (3) あなたの弟たちはもう宿題を終えましたか。
Your brothers have already done their homework.

＿＿＿＿＿＿＿＿＿＿＿＿＿＿＿＿＿＿＿＿＿＿＿＿＿＿＿＿＿＿＿

☐ (4) 彼女のお父さんはもう仕事から戻ってきましたか。
Her father has already come back from work.

＿＿＿＿＿＿＿＿＿＿＿＿＿＿＿＿＿＿＿＿＿＿＿＿＿＿＿＿＿＿＿

☐ (5) 電車はもう出発しましたか。
The train has just left.

＿＿＿＿＿＿＿＿＿＿＿＿＿＿＿＿＿＿＿＿＿＿＿＿＿＿＿＿＿＿＿

Q2 次の日本文に合うように，（　　）内の語句を並べかえなさい。　(7点×5＝35点)

☐ (1) 彼はもう仕事を終えましたか。
（ yet / finished / work / has / his / he ）？

_____ ？

☐ (2) あなたのお姉さんはもうこの小説を読み終えましたか。
（ sister / yet / finished reading / your / has / novel / this ）？

_____ ？

☐ (3) あなたはもう新聞を読みましたか。
（ you / the / yet / read / have / newspaper ）？

_____ ？

☐ (4) 私たちの先生はもう学校に戻ってきましたか。
（ teacher / come / our / has / back) to school yet?

_____ to school yet?

☐ (5) 彼らはもう朝食を食べましたか。
（ they / eaten / yet / have / breakfast ）？

_____ ？

Q3 次の日本文を英語に直しなさい。　(8点×5＝40点)

☐ (1) 彼はもうその映画を見ましたか。

_____

☐ (2) 彼女はもう彼女の部屋を掃除しましたか。

_____

☐ (3) あなたはもう夕食を作りましたか。

_____

☐ (4) あなたのお姉さんはもう皿を洗いましたか。

_____

☐ (5) 彼はもう図書館に行きましたか。

_____

学習日 ◯ 月 ◯ 日　⏱制限時間 **30** 分　答え→別冊 p.4 ＿＿＿＿ / 100点

現在完了の 疑問文の答え方

3007

現在完了の疑問文には，「はい」であれば〈**Yes, 主語** + **have[has].**〉，「いいえ」であれば〈**No, 主語** + **have[has] not.**〉で答えます。ここでも haven't や hasn't のように短縮形を使うことができます。

Have you been to Canada before?

(あなたはこれまで，カナダに行ったことがありますか)

— **Yes,** I **have.**　　　　　(はい，あります)

— **No,** I **have not[haven't].**　(いいえ，ありません)

現在完了の疑問文では，before のほかに **ever** も，「これまでに，1回でも」という意味で使われます。ever は，動詞の過去分詞形の前に置きます。

Have you **ever** been there?　(これまでにそこへ行ったことはありますか)

Q1 次の英文の( )内の正しいものを選び，◯で囲みなさい。　　(5点×5 = 25点)

☐ (1) あなたは長い間，彼を知っていますか。— はい，知っています。
Have you known him for a long time? — Yes, I (do / have).

☐ (2) あなたは昨年からずっと宮崎に住んでいますか。— いいえ，住んでいません。
Have you lived in Miyazaki since last year? — No, I (have not / do not).

☐ (3) ボブは2回ここに来たことがありますか。 — はい，あります。
Has Bob come here twice? — Yes, (he is / he has).

☐ (4) 電車はもう出発しましたか。— いいえ，していません。
Has the train left yet? — No, (it isn't / it hasn't).

☐ (5) その学生たちはもう宿題をしましたか。— はい，しました。
Have the students done their homework yet?
　　— Yes, (he has / they have / they are).

次の日本文に合うように，（　　）内の語を並べかえなさい。　　　　(7点×5＝35点)

□ (1) 彼女はこの本を読んだことがありますか。— はい，あります。
Has she ever read this book? — (she / yes / has / ,).

_____.

□ (2) 彼女のお父さんはもう新聞を読みましたか。— いいえ，読んでいません。
Has her father read the newspaper yet? — (no / has / not / he / ,).

_____.

□ (3) 彼らは2週間ニュージーランドに滞在していますか。— はい，しています。
Have they stayed in New Zealand for two weeks? — (have / yes / they / ,).

_____.

□ (4) ボブはもう家に戻ってきましたか。— いいえ，戻ってきていません。
Has Bob come back home yet? — (no / hasn't / he / ,).

_____.

□ (5) あなたたちは地震を経験したことがありますか。— いいえ，ありません。
Have you ever had an earthquake? — (no / haven't / we / ,).

_____.

Q3 次の日本文を英語に直しなさい。　　　　(8点×5＝40点)

□ (1) あなたはこれまでに，歌舞伎を見たことがありますか。— いいえ，ありません。

Have you ever seen Kabuki? — _____

□ (2) 彼女はもう買いものに行ってしまいましたか。— いいえ，行っていません。

Has she gone shopping yet? — _____

□ (3) あなたはもうミキに電話しましたか。— はい，しました。

Have you called Miki yet? — _____

□ (4) あなたたちは長い間友だちですか。— はい，そうです。

Have you been friends for a long time? — _____

□ (5) その店はもう開店しましたか。— いいえ，開店していません。

Has the store opened yet? — _____

How many times 〜?
（経験）

3008

現在完了の経験用法で「何回［何度］〜したことがありますか」とたずねたいときは，How many times「何回，何度」を文の初めに置きます。How many times の後ろは疑問文の〈have[has] ＋主語＋動詞の過去分詞形〜?〉の形が続きます。

How many times have you been to this museum?

（あなたは何回この博物館に行ったことがありますか）

Q1 How many times を用いて，下線部をたずねる疑問文を作りなさい。

（5点×5 ＝ 25点）

☐ (1) あなたはロンドンを2回訪れたことがあります。
You have visited London <u>twice</u>.

_____

☐ (2) あなたは3回あの俳優に会ったことがあります。
You have met that actor <u>three times</u>.

_____

☐ (3) あなたは数回その新しい機械を使ったことがあります。
You have used the new machine <u>several times</u>.

_____

☐ (4) 彼女は彼女の友だちに1回手紙を書いたことがあります。
She has written a letter to her friend <u>once</u>.

_____

☐ (5) 彼は何回もこの小説家に会ったことがあります。
He has seen this novelist <u>many times</u>.

_____

Q2 次の日本文に合うように，（　　）内の語を並べかえなさい。　(7点×5＝35点)

□ (1) あなたはこの話を何回聞いたことがありますか。
(many / you / how / times / heard / have) this story?

_____ this story?

□ (2) 彼は何回あの本を読んだことがありますか。
(book / that / times / read / how / has / he / many)?

_____ ?

□ (3) 彼女は彼に何回会ったことがありますか。
(many / met / has / how / she / times / him)?

_____ ?

□ (4) あなたたちは何回大きな地震を経験したことがありますか。
(many / have / you / times / big / a / had / how / earthquake)?

_____ ?

□ (5) あなたは何回その美しい馬を見たことがありますか。
(times / the / you / have / seen / beautiful / how / horse / many)?

_____ ?

Q3 次の日本文を英語に直しなさい。　(8点×5＝40点)

□ (1) あなたは何回この映画を見たことがありますか。

_____

□ (2) あなたは何回ニューヨーク（New York）に行ったことがありますか。

_____

□ (3) あなたは何回あのレストランでカレーを食べたことがありますか。

_____

□ (4) あなたは何回その球場（stadium）で野球の試合を見たことがありますか。

_____

□ (5) あなたは何回このゲームをしたことがありますか。

_____

How long 〜？
（継続）

3009

学習日 ◯ 月 ◯ 日　　⏱ 制限時間 **30** 分　　答え→別冊 p.4 ＿＿＿＿＿ / 100点

現在完了の継続用法を使って「どれくらいの期間〜していますか」とたずねたいときは，How long「どれくらいの期間」を文の初めに置きます。How long の後ろには疑問文の〈have[has]＋主語＋動詞の過去分詞形 〜 ?〉の形が続きます。

How long have you been a fan of the singer?

（あなたはその歌手のファンになってどれくらいですか）

Q 1 **How long** を用いて，下線部をたずねる疑問文を作りなさい。　　（5点×5 = 25点）

☐ (1) あなたは東京に 10 年間住んでいます。
You have lived in Tokyo <u>for 10 years</u>.

＿＿＿＿＿＿＿＿＿＿＿＿＿＿＿＿＿＿＿＿＿＿＿＿＿＿＿＿＿＿＿＿＿＿

☐ (2) 彼らは 1 週間このホテルに滞在しています。
They have stayed at this hotel <u>for a week</u>.

＿＿＿＿＿＿＿＿＿＿＿＿＿＿＿＿＿＿＿＿＿＿＿＿＿＿＿＿＿＿＿＿＿＿

☐ (3) 彼女は彼を知って 6 週間になります。
She has known him <u>for six weeks</u>.

＿＿＿＿＿＿＿＿＿＿＿＿＿＿＿＿＿＿＿＿＿＿＿＿＿＿＿＿＿＿＿＿＿＿

☐ (4) あなたの友だちは 5 年間英語を勉強しています。
Your friend has studied English <u>for five years</u>.

＿＿＿＿＿＿＿＿＿＿＿＿＿＿＿＿＿＿＿＿＿＿＿＿＿＿＿＿＿＿＿＿＿＿

☐ (5) その先生は 15 か月間，彼らに数学を教えています。
The teacher has taught them math <u>for fifteen months</u>.

＿＿＿＿＿＿＿＿＿＿＿＿＿＿＿＿＿＿＿＿＿＿＿＿＿＿＿＿＿＿＿＿＿＿

次の日本文に合うように，（　　　）内の語を並べかえなさい。　(7点×5＝35点)

☐ (1) あなたの家族はどれくらいの間大阪に住んでいますか。
(long / family / has / lived / your / how) in Osaka?

_____ in Osaka?

☐ (2) あなたたちは彼のことを知ってどれくらいになりますか。
(long / known / you / him / have / how)?

_____ ?

☐ (3) 彼女はここでどれくらいの間仕事をしていますか。
(she / worked / long / has / here / how)?

_____ ?

☐ (4) 彼はどれくらいの間忙(いそが)しくしていますか。
(he / been / how / has / busy / long)?

_____ ?

☐ (5) あなたのお父さんはどれくらいの間北海道にいるのですか。
(your / how / stayed / long / has / father) in Hokkaido?

_____ in Hokkaido?

Q3 次の日本文を英語に直しなさい。　(8点×5＝40点)

☐ (1) 彼女はどのくらいの間日本にいますか。

_____

☐ (2) あなたはどのくらいの間美術（art）を勉強していますか。

_____

☐ (3) 彼は病気（sick）になってどのくらいですか。

_____

☐ (4) あなたはどのくらいの間その問題を抱えて(かか)（have the problem）いますか。

_____

☐ (5) 彼はバイオリンを弾(ひ)いてどのくらいになりますか。

_____

現在完了進行形

3010

現在完了進行形という時制は，現在完了形の継続用法の仲間です。現在完了の継続用法は，「過去のある状態が今も継続している」ことを表す表現で，〈have[has] ＋動詞の過去分詞形〉「（ずっと）～している」という形を使います。この表現の過去分詞形に run「走る」や eat「食べる」のような「動作を表す動詞」が使われる場合には，〈have[has] been ＋動詞の ing 形〉を使うのが一般的です。これを現在完了進行形といいます。

I have been talking with him since this morning.

（私は今朝からずっと，彼と話をしています）

He **has been playing** soccer for two hours.

（彼は 2 時間，サッカーをしています）

Q1 次の英文の（　　）内の正しいほうを選び，◯で囲みなさい。　　（4点×5 ＝ 20点）

☐ (1) 彼は 1 時間，彼の奥さんを待っています。

He (has been waiting / have waited) for his wife for an hour.

☐ (2) その技術者は昨年からその会社で働いています。

The engineer (has been working / have been working) for the company since last year.

☐ (3) トムとスーはほぼ 2 時間，お互いに話をしています。

Tom and Sue (have been talking / has been talking) with each other for almost two hours.

☐ (4) 私の母は今朝からクッキーを作っています。

My mother (has been making / has been made) cookies since this morning.

☐ (5) マイクは 3 時間以上，そのコンピューターを使っています。

Mike (has been used / has been using) the computer for more than three hours.

Q2 次の日本文に合うように，（　　）内の語句を並べかえなさい。　　(6点×5＝30点)

☐ (1) 彼は昨年からずっと，英語の勉強をしています。

He (has / studying / English / been) since last year.

He _____ since last year.

☐ (2) 私の父は10年ほど，英語を教えています。

My father (teaching / English / has / been) for about 10 years.

My father _____ for about 10 years.

☐ (3) 私の姉はニュージーランドで3年働いています。

My sister (in / has / working / been / New Zealand) for three years.

My sister _____ for three years.

☐ (4) トムは半年間，ギターの練習をしています。

(has / practicing / the guitar / Tom / been / for) half a year.

_____ half a year.

☐ (5) その教授は2時間以上，その本を読んでいます。

(been / for / the professor / reading / has / the book) more than two hours.

_____ more than two hours.

Q3 現在完了進行形を用いて，次の日本文を英語に直しなさい。　　(10点×5＝50点)

☐ (1) 彼は昨年からずっと，理科（science）の勉強をしています。

_____

☐ (2) ここでは約3週間，雨が降り続いています。

_____

☐ (3) 私たちは約2時間，彼を待っています。

_____

☐ (4) 私の母は今朝からずっと，その店（store）で働いています。

_____

☐ (5) その男の子は30分以上，ここで泣いて（cry）います。

_____

不規則動詞の変化表

日本語の意味	原形	過去形	過去分詞
1. ＡＢＡ型 … 原形と過去分詞の形が同じもの			
□ 〜になる	become	became	become
□ 来る	come	came	come
□ 走る	run	ran	run

日本語の意味	原形	過去形	過去分詞
2. ＡＢＢ型 … 過去形と過去分詞の形が同じもの			
□ 買う	buy	bought	bought
□ 見つける	find	found	found
□ 持っている	have	had	had
□ 聞く	hear	heard	heard
□ 取っておく	keep	kept	kept
□ 出発する	leave	left	left
□ 作る	make	made	made
□ 会う	meet	met	met
□ 言う	say	said	said
□ 売る	sell	sold	sold
□ 座る	sit	sat	sat
□ 教える	teach	taught	taught
□ 話す	tell	told	told

日本語の意味	原形	過去形	過去分詞

3. ＡＢＣ型 … ３つとも形が違うもの

日本語の意味	原形	過去形	過去分詞
□ 始まる	begin	began	begun
□ 壊す	break	broke	broken
□ する	do	did	done
□ 描く	draw	drew	drawn
□ 飲む	drink	drank	drunk
□ 食べる	eat	ate	eaten
□ 落ちる	fall	fell	fallen
□ 手に入れる	get	got	gotten [got]
□ 与える	give	gave	given
□ 行く	go	went	gone
□ 知っている	know	knew	known
□ 見える	see	saw	seen
□ 示す	show	showed	shown
□ 話す	speak	spoke	spoken
□ 泳ぐ	swim	swam	swum
□ 取る	take	took	taken
□ 着ている	wear	wore	worn
□ 書く	write	wrote	written

4. ＡＡＡ型 … ３つとも形が同じもの

日本語の意味	原形	過去形	過去分詞
□ 切る	cut	cut	cut
□ 置く	put	put	put
□ 読む	read	*read	*read

* read の過去形，過去分詞は，red「赤い（レッド）」と同じ発音。

出題範囲 ▶ セクション 1 〜 10

1 次の現在完了の用法が経験なら①を，継続なら②を，完了・結果なら③を，それぞれ（　）に書きなさい。　(2点×8＝16点)

☐ (1) I have visited London three times.　　　　　　　（　　）

☐ (2) My brother has just finished his breakfast.　　　（　　）

☐ (3) I have known Kathy for six years.　　　　　　　（　　）

☐ (4) I have never been to Seoul before.　　Seoul「ソウル」（　　）

☐ (5) How many times have you met him before?　　　（　　）

☐ (6) The bus has already left the station.　　　　　　（　　）

☐ (7) Have you ever met a beautiful baby like her?　　（　　）

☐ (8) How long have you stayed in Japan?　　　　　　（　　）

2 （　）内の指示に従って，文を書きかえなさい。　(4点×5＝20点)

☐ (1) I have been to Rome before.（never を用いて否定文に）

_____

☐ (2) You have been playing soccer for more than two hours.（疑問文に）

_____

☐ (3) His mother has already washed the dishes.（疑問文に）

_____

☐ (4) They have been in New Zealand <u>for a year</u>.（下線部をたずねる疑問文に）

_____

☐ (5) Ken has used this dictionary <u>three times</u>.（下線部をたずねる疑問文に）

_____

3 次の（　　）内の語を適する形に直しなさい。　　　　　　　　（5点×5＝25点）

☐ (1) Mr. White has (be) in Okayama for four months.　　　＿＿＿＿＿＿＿

☐ (2) John has already (go) home.　　　　　　　　　　　　　＿＿＿＿＿＿＿

☐ (3) How long have you (be waiting) for me?　　　　　　　＿＿＿＿＿＿＿

☐ (4) My sister has just (leave) home.　　　　　　　　　　　＿＿＿＿＿＿＿

☐ (5) I have already (take) some pictures of animals.　　　　＿＿＿＿＿＿＿

4 各組の2文がほぼ同じ意味になるように，（　　）に適する1語を入れなさい。
　　　　　　　　　　　　　　　　　　　　　　　　　　　　　　（5点×3＝15点）

☐ (1) This will be Mike's first visit to Korea.
　　　Mike (　　　　　　) never (　　　　　　　) to Korea before.

☐ (2) I saw many movies, but this movie is the most interesting.
　　　I've never (　　　　　　) (　　　　　　　) an interesting movie as this.

☐ (3) I don't know her.
　　　I (　　　　　　) never (　　　　　　　) her.

5 （　　）内の語を並べかえ，意味の通る英文にしなさい。　　（6点×4＝24点）

☐ (1) (been / has / she / studying / Chinese) for three hours.

　　　_____ for three hours.

☐ (2) (in / interested / have / I / been / movies).

　　　_____.

☐ (3) (from / her / I / already / have / heard).

　　　_____.

☐ (4) (have / been / Okinawa / you / ever / to)?

　　　_____?

29

文の構造 ①
S + V

3012

英語の文は大きく5つの型にあてはめることができます。これらをマスターすれば，長い文でも正確に読むことができるようになります。セクション **11** から **15** までは，5つの文の構造を順に確認していきましょう。

まず，英語の主語と動詞は，**主語**（subject）と**動詞**（verb）の頭文字をとってそれぞれ，S，V と表します。この S + V だけを骨格に持つ文を見てみましょう。V には〈助動詞＋動詞〉や〈be 動詞＋〜 ing 形〉なども含まれます。S + V の文は，S V の後ろに〈前置詞＋名詞〉で時・場所を表す語句をともなうことが多いです。それらは修飾語（句）(modifier) と呼び，頭文字をとって M と表します。文の構造を考えるときは，修飾語（句）は省いて考えるとわかりやすいです。

The birds　are singing　in the tree.（鳥たちが木でさえずっています）
　　S　　　　　　V　　　　　　M（場所）

Q 1 英文の下線部が，主語（**S**），動詞（**V**），修飾語（**M**）のどれにあたるかを，S，V，M を使って書きなさい。

(5点×5＝25点)

□ (1) 私は奈良に住んでいます。

　　I　　live　　in Nara.
　（　）（　）　（　）

□ (2) 私の姉は駅に到着しました。

　My sister　arrived　at the station.
　　（　）　　（　）　　　（　）

□ (3) 私たちの先生は彼と話をしているところです。

　Our teacher　is talking　with him.
　　（　）　　　（　）　　　（　）

□ (4) 私の家族は明日，ピクニックに行くつもりです。

　My family　will go　on a picnic　tomorrow.
　　（　）　　（　）　　（　）　　　（　）

□ (5) 日本では，お正月に神社に行く人々がいます。

　In Japan,　some people　go　to a shrine　on New Year's Day.
　　（　）　　　（　）　　（　）　（　）　　　（　）

Q2 次の日本文に合うように，（　　）内の語句を並べかえなさい。　（7点×5＝35点）

☐ (1) 私たちは夏には湖で泳ぐことができます。
(the / lake / can / we / swim / in) in summer.

_____ in summer.

☐ (2) 彼らは図書館に行くでしょう。
(will / to / library / the / go / they).

_____ .

☐ (3) 私の父と母は音楽に合わせて踊りました。
(father and mother / danced / my) to music.

_____ to music.

☐ (4) 私たちは先週の土曜日にデパートに行きました。
(went / the department store / Saturday / we / to / last).

_____ .

☐ (5) 私の母は電話で話をしているところです。
(mother / is / on / my / talking / the / phone).

_____ .

Q3 次の日本文を英語に直しなさい。　（8点×5＝40点）

☐ (1) 私の祖父母（grandparents）は北海道に住んでいます。

_____

☐ (2) 私の父は昨日，彼のオフィス（office）に歩いて行き（walk to）ました。

_____

☐ (3) 彼と私は昨日，公園まで走りました。

_____

☐ (4) 昨日，私は彼といっしょに美術館へ行きました。

_____

☐ (5) あなたはオーストラリア（Australia）に住んでいます。

_____

31

文の構造 ②
S + V + C

3013

> このセクションでは **S + V + C** の文を学習しましょう。この構造は **S + V** のあとに **C**(補語)という要素が続きます。補語は**主語を説明する語**で，英語では complement というので，その頭文字をとって **C** と表します。この文構造の特徴は，**S = C** という関係が成り立つことです。なお，**C** には名詞(句)や形容詞などがなります。
>
> <u>Tom</u>　<u>is</u>　<u>my brother</u>.　(トムは私の兄です)
> 　S　　V　　　C
> 　└────── = ──────┘

Q1 英文の下線部が，主語(S)，動詞(V)，補語(C)，修飾語(M)のどれにあたるかを，S，V，C，M を使って書きなさい。　(5点×5 = 25点)

☐ (1) 彼は学生です。

　<u>He</u>　<u>is</u>　<u>a student</u>.
　(　　)(　　)　(　　)

☐ (2) 彼女はその病院の看護師でした。

　<u>She</u>　<u>was</u>　<u>a nurse</u>　<u>in the hospital</u>.
　(　　)(　　)　(　　)　　　(　　)

☐ (3) 私たちはそのとき幸せでした。

　<u>We</u>　<u>were</u>　<u>happy</u>　<u>at that time</u>.
　(　　)(　　)　(　　)　　(　　)

☐ (4) 彼らは教師になりました。

<u>They</u>　<u>became</u>　<u>teachers</u>.
(　　)　(　　)　　(　　)

☐ (5) 私は将来，野球選手になるつもりです。

　<u>I</u>　<u>will become</u>　<u>a baseball player</u>　<u>in the future</u>.
　(　　)　(　　)　　　(　　)　　　　(　　)

Q2 次の文が S + V ならば ア, S + V + C ならば イ を( )内に書きなさい。

(7点×5＝35点)

□ (1) The birds fly in the sky. ( )

□ (2) Those people are American. ( )

□ (3) All students walk to school. ( )

□ (4) He was busy last Sunday. ( )

□ (5) Mary went to the theater with Tom. ( )

Q3 次の日本文に合うように, ( )内の語句を並べかえなさい。 (8点×5＝40点)

□ (1) 私は中学生です。(student / a / I / am / junior / school / high).

_____.

□ (2) 私たちはとても悲しいです。(we / sad / are / very).

_____.

□ (3) 彼らはその町の警察官でした。
(were / they / police officers) in the town.

_____ in the town.

□ (4) 私は来年，教師になるつもりです。
(become / I / will / teacher / a) next year.

_____ next year.

□ (5) 私の兄は医者になりました。(my / became / brother / doctor / a).

_____.

ポイント S + V + C でよく使われる動詞

　S+V+C の構造でよく使われる動詞は，be 動詞や become のように S と C の関係が＝（イコール）になる動詞です。ほかには，

sound C	「C のように聞こえる」	look C	「C のように見える」
smell C	「C のにおいがする」	taste C	「C の味がする」
feel C	「C のように感じる」		

などがあります。

文の構造 ③
S + V + O

3014

このセクションでは S + V + O を学習します。この構造は S + V のあとに**目的語**という要素が続きます。目的語は動詞が表す**動作の対象となる語**（日本語の「〜を」「〜に」などにあたる語）で，英語では object というので，その頭文字をとって O と表します。S + V + O と S + V + C が異なる点は，S + V + C では S ＝ C が成り立つのに対して，S + V + O では S ＝ O が成り立たないところです（**S ≠ O**）。

I saw a dog.　（私は1匹の犬を見ました）
S　V　　O
└── ≠ ──┘　*私＝犬ではないので，S ≠ O。

Q1 英文の下線部が，主語（S），動詞（V），目的語（O），修飾語（M）のどれにあたるかを，S，V，O，M を使って書きなさい。　(5点×5＝25点)

☐ (1) あなたは手に本を持っています。
　　You　have　a book　in your hand.
　　(　)　(　)　(　)　　(　　)

☐ (2) 私たちは駅で彼に会うつもりです。
　　We　will meet　him　at the station.
　　(　)　(　　)　(　)　(　　)

☐ (3) あなたは今日，このコンピューターを使ってもかまいません。
　　You　may use　this computer　today.
　　(　)　(　　)　(　　)　(　)

☐ (4) 私たちはふろ場で足を洗わなければなりません。
　　We　must wash　our feet　in the bathroom.
　　(　)　(　　)　(　　)　(　　)

☐ (5) 彼は昨日，この本を読みました。
　　He　read　this book　yesterday.
　　(　)　(　)　(　　)　(　　)

Q2 次の文が S＋V ならばア，S＋V＋C ならばイ，S＋V＋O ならばウを，（　　）
内に書きなさい。 (7点×5＝35点)

□ (1) He found the dictionary on the desk. (　　)

□ (2) They are teachers in this school. (　　)

□ (3) He lived in Australia three years ago. (　　)

□ (4) My uncle visited an old temple in Kyoto. (　　)

□ (5) The man runs to the park every day. (　　)

Q3 次の日本文に合うように，（　　）内の語句を並べかえなさい。 (8点×5＝40点)

□ (1) 私は毎日この辞書を使います。
(dictionary / I / day / use / this / every).

_____.

□ (2) 彼女はその部屋で英語の勉強をしています。
(is / she / in / studying / the / room / English).

_____.

□ (3) 私は来週の日曜日に車を洗わなければなりません。
(next / my / car / have to / I / wash / Sunday).

_____.

□ (4) 私の家族は大きな犬を飼っています。
My family (big / a / dog / has).

My family _____.

□ (5) 彼はリビングでテレビを見ているところです。
(TV / watching / he / is) in the living room.

_____ in the living room.

文の構造 ④
S + V + O + O

3015

このセクションでは **S + V + O + O** の文，すなわち **S + V** に目的語が2つ続く文構造を勉強します。一般的に，最初の **O** には「人」を表す語（「〜に」）が，後ろの **O** には「もの」にあたる語（「〜を」）が入ります。文全体の意味は「S は人にものを〜する」になります。

> **I** **sent** <u>her</u> <u>a letter</u>.　（私は彼女に手紙を送りました）
> S　V　　O（〜に）　O（〜を）

Q1 英文の下線部が，主語（**S**），動詞（**V**），目的語（**O**），修飾語（**M**）のどれにあたるかを，**S，V，O，M** を使って書きなさい。　　（5点×5 = 25点）

☐ (1) 私は彼に本をあげました。
　　　<u>I</u>　<u>gave</u>　<u>him</u>　<u>a book</u>.
　　　(　)　(　　)　(　　)　(　　　)

☐ (2) 彼女は昨日，私の友だちにプレゼントをあげました。
　　　<u>She</u>　<u>gave</u>　<u>my friend</u>　<u>a present</u>　<u>yesterday</u>.
　　　(　　)　(　　)　(　　　)　(　　　)　(　　　)

☐ (3) 私の父は私にカメラをくれるつもりです。
　　　<u>My father</u>　<u>will give</u>　<u>me</u>　<u>a camera</u>.
　　　(　　　)　(　　　)　(　　)　(　　　)

☐ (4) 私は彼女に駅への行き方を教えるつもりです。
　　　<u>I</u>　<u>will show</u>　<u>her</u>　<u>the way</u>　<u>to the station</u>.
　　　(　)　(　　　)　(　　)　(　　)　(　　　　)

☐ (5) 彼は私におもしろい話をしてくれました。
　　　<u>He</u>　<u>told</u>　<u>me</u>　<u>an interesting story</u>.
　　　(　　)　(　　)　(　　)　　(　　　)

Q2 次の文が S+V ならば ア，S+V+C ならば イ，S+V+O ならば ウ，S+V+O+O ならば エ を（　　）内に書きなさい。　　(7点×5＝35点)

□ (1) He sent me an e-mail yesterday.　　　　　　　　　（　　　）

□ (2) We know that man.　　　　　　　　　　　　　　（　　　）

□ (3) They went to the park last Saturday.　　　　　　（　　　）

□ (4) These books are his.　　　　　　　　　　　　　（　　　）

□ (5) Our teacher teaches us English.　　　　　　　　（　　　）

Q3 次の日本文に合うように，（　　）内の語句を並べかえなさい。　　(8点×5＝40点)

□ (1) 彼は彼女にネックレスをあげました。(a / her / he / gave / necklace).

_____.

□ (2) 私はあなたに真実を話すつもりです。(will / the / you / I / tell / truth).

_____.

□ (3) スミス先生は昨日，私たちにおもしろい話をしてくれました。
(told / Mr. Smith / interesting / us / story / an) yesterday.

_____ yesterday.

□ (4) 彼女は私に彼女のアルバムを見せてくれました。
(her / me / showed / she / album).

_____.

□ (5) 私の父は先週，自分のコンピューターを私にくれました。
(father / me / computer / his / my / gave) last week.

_____ last week.

ポイント　S＋V＋O＋O から S＋V＋O への書きかえ

　S＋V＋O＋O の文は，人を表す前の O とものを表す後ろの O の語順を逆にし，入れかえた O と O の間に for や to を置くと，S＋V＋O の文に書きかえられます。

　　He gave me a nice camera.　　　[SVOO]　（彼は私にすてきなカメラをくれました）
　　→ He gave a nice camera to me.　[SVO]

「to を使うグループ」… give / show / send / teach など
「for を使うグループ」… make / cook / buy など

37

✏️ 学習日 ◯ 月 ◯ 日　⏱️ 制限時間 **30** 分　答え→別冊 p.7　_____ / 100点

文の構造 ⑤
S + V + O + C

3016

このセクションでは，動詞が目的語のほかに，その目的語を説明する語［補語］をともなう S + V + O + C の文について学習しましょう。セクション ⑭ で学習した S + V + O + O と区別する点としては，S + V + O + C の場合は，O = C（O は C である）という関係があることです。

We　call　the dog　Shiro.　（私たちはその犬をシロと呼びます）
　S　　V　　　O　　　　C
　　　　　　　└── = ──┘

Q 1 英文の下線部が，主語（S），動詞（V），目的語（O），補語（C），修飾語（M）の どれにあたるかを，S, V, O, C, M を使って書きなさい。　　（5点×5 = 25点）

☐ (1) そのニュースは昨晩，私を喜ばせました。
　The news　made　me　happy　last night.
　（　　）　（　　）（　　）（　　）　（　　）

☐ (2) その事故は私たちを悲しませました。
　The accident　made　us　sad.
　　（　　）　　　（　　）（　　）（　　）

☐ (3) 彼は先週，彼女を怒らせました。
　He　made　her　angry　last week.
　（　　）（　　）（　　）（　　）　（　　）

☐ (4) 私の父は私をタクと呼びます。
　My father　calls　me　Taku.
　　（　　）　（　　）（　　）（　　）

☐ (5) 私たちはこの花を日本語で「ひまわり」と呼びます。
　We　call　this flower　*himawari*　in Japanese.
　（　　）（　　）　（　　）　　（　　）　　（　　）

Q2 次の文が S＋V ならば ア, S＋V＋C ならば イ, S＋V＋O ならば ウ, S＋V＋O＋O ならば エ, S＋V＋O＋C ならば オ を( )内に書きなさい。 (7点×5＝35点)

- □ (1) The news made him very sad. ( )
- □ (2) The man showed me a nice camera. ( )
- □ (3) The woman made a cake for us. ( )
- □ (4) The birds are very beautiful. ( )
- □ (5) These men walk to the office every morning. ( )

Q3 次の日本文に合うように, ( )内の語を並べかえなさい。 (8点×5＝40点)

- □ (1) 私たちは彼をボブと呼んでいます。(call / him / we / Bob).

  _____.

- □ (2) 私たちはあの花を英語で「サンフラワー」と呼びます。
  (in / we / call / flower / that / "sunflower") English.

  _____ English.

- □ (3) その知らせは彼らを喜ばせました。
  (news / made / them / the / happy).

  _____.

- □ (4) 彼の死は私たちをとても悲しませました。
  His death (us / made / sad / very).

  His death _____.

- □ (5) その事実はジョンをとても怒らせました。
  (fact / angry / made / the / John / very).

  _____.

ポイント S＋V＋O＋C でよく使われる動詞

S＋V＋O＋C の文でよく使われる動詞をまとめておきましょう。

make O C 「O を C にする」	call O C 「O を C と呼ぶ」
find O C 「O が C だと気づく」	name O C 「O を C と名づける」

I **named** my son Ken. (私は息子をケンと名づけました)

39

現在分詞（〜 ing）①

3017

> 現在分詞は動詞の原形に ing をつけた形で，進行形のほかに，形容詞と同じように**名詞を**「〜する…，〜している…」と修飾する働きをします。**分詞が1語の場合は，名詞を前から**修飾します。
>
> **Look at the singing girl.** （歌っている少女を見なさい）
>
> **The running boy is my brother.** （走っている少年は私の弟です）

Q1 次の下線部の形容詞を（　　）の語に変えて，全文を書きなさい。　（5点×5 = 25点）

☐ (1) Look at the <u>cute</u> baby. （ crying ）

＿＿＿＿＿＿＿＿＿＿＿＿＿＿＿＿＿＿＿＿＿＿＿＿＿＿＿＿＿＿＿

☐ (2) I know that <u>big</u> dog. （ running ）

＿＿＿＿＿＿＿＿＿＿＿＿＿＿＿＿＿＿＿＿＿＿＿＿＿＿＿＿＿＿＿

☐ (3) The <u>beautiful</u> lady is Mary. （ singing ）

＿＿＿＿＿＿＿＿＿＿＿＿＿＿＿＿＿＿＿＿＿＿＿＿＿＿＿＿＿＿＿

☐ (4) Those <u>tall</u> men are basketball players. （ walking ）

＿＿＿＿＿＿＿＿＿＿＿＿＿＿＿＿＿＿＿＿＿＿＿＿＿＿＿＿＿＿＿

☐ (5) There are <u>black</u> birds over there. （ flying ）

＿＿＿＿＿＿＿＿＿＿＿＿＿＿＿＿＿＿＿＿＿＿＿＿＿＿＿＿＿＿＿

Q2 ( )内の正しいほうを選び，○で囲みなさい。

☐ (1) 走っている男性　　　　a (run / running) man

☐ (2) 眠<ruby>ねむ</ruby>っている赤ちゃん　　a (sleeps / sleeping) baby

☐ (3) そのほえている犬　　　the (barking / barked) dog　　　　bark「ほえる」

☐ (4) 泣いている少年　　　　a (crying / cried) boy

☐ (5) 踊<ruby>おど</ruby>っている少女たち　　(dance / dancing) girls

Q3 次の日本文に合うように，( )内の語を並べかえなさい。

☐ (1) 私はあの走っている少年を知っています。
I know (that / boy / running).

I know _____.

☐ (2) 私は眠っているネコを見ました。
I saw (a / cat / sleeping).

I saw _____.

☐ (3) あのほえている犬を見てください。
Look at (that / dog / barking).

Look at _____.

☐ (4) 泣いている女の子は私の娘<ruby>むすめ</ruby>です。
(crying / the / girl) is my daughter.

_____ is my daughter.

☐ (5) それらの踊っている子どもたちは日本人です。
(children / dancing / those) are Japanese.

_____ are Japanese.

現在分詞（〜 ing）②

3018

前のセクションで学習したように，現在分詞が1語で名詞を修飾するときには名詞の直前に置きますが，**分詞が2語以上のカタマリを作るときは名詞の後ろに置きます。**たとえば，the girl を playing the piano「ピアノを弾いている」という3語で修飾して「ピアノを弾いている少女」とする場合は，the girl playing the piano のようになります。

Look at the girl playing the piano.（ピアノを弾いている少女を見なさい）

Q1　（　　）内の正しいほうを選び，◯で囲みなさい。　　　　（5点×5＝25点）

☐ (1) 野球をしている少年
　　a boy (playing baseball / baseball playing)

☐ (2) ニューヨークに住んでいる家族
　　(a family living in New York / living in New York a family)

☐ (3) 音楽を聞いている少女たち
　　(listening to music girls / girls listening to music)

☐ (4) 向こうで走っている犬
　　dogs (running over there / run over there)

☐ (5) ベッドで寝ている男性
　　a man (sleeping on the bed / sleep on the bed)

Q2 次の日本文に合うように，（　　　）内の語句を並べかえなさい。　　（7点×5＝35点）

□ (1) 野球をしているあの少年たちを知っていますか。
Do you know (those boys / baseball / playing)?

Do you know _____?

□ (2) 向こうで走っている犬を見てください。
Please look at (over / the dogs / there / running).

Please look at _____.

□ (3) ベッドで寝ている男性は私の父です。
(the man / sleeping / the bed / on) is my father.

_____ is my father.

□ (4) 彼女を待っている男性は私の友人です。
(her / the / man / waiting / for) is my friend.

_____ is my friend.

□ (5) 電話で話をしている女性はだれですか。
Who is (on / woman / the / talking / phone / the)?

Who is _____?

Q3 現在分詞を用いて，次の日本文を英語に直しなさい。　　（8点×5＝40点）

□ (1) 歌を歌っているそれらの学生は私のクラスメートです。

_____

□ (2) 電話で話をしている女性は私のおば（aunt）です。

_____

□ (3) 友人を待っているお年寄りの男性（elderly man）がいます。

_____

□ (4) 私はニューヨーク（New York）に住んでいる彼女の家族を知っています。

_____

□ (5) 音楽を聞いている少女たちは私の生徒です。

_____

過去分詞 ①

3019

> **過去分詞**は動詞の過去分詞形で，形容詞と同じように名詞を「**〜された，〜されている**」**と修飾**します。過去分詞1語で名詞を説明するときには，過去分詞は名詞の直前に置きます。
>
> My father bought a **used car** last month.
> （私の父は先月，中古車 [使われた車] を買いました）

Q1 次の下線部の形容詞を（　　）の語に変えて，全文を書きなさい。　(5点×5＝25点)

☐ (1) Look at the <u>large</u> window. （ broken ）

＿＿＿＿＿＿＿＿＿＿＿＿＿＿＿＿＿＿＿＿＿＿＿＿＿＿＿

☐ (2) I bought a <u>big</u> car. （ used ）

＿＿＿＿＿＿＿＿＿＿＿＿＿＿＿＿＿＿＿＿＿＿＿＿＿＿＿

☐ (3) The child found a <u>good</u> book. （ hidden ）　hidden「hide（〜を隠す）の過去分詞」

＿＿＿＿＿＿＿＿＿＿＿＿＿＿＿＿＿＿＿＿＿＿＿＿＿＿＿

☐ (4) We can't read those <u>difficult</u> words. （ written ）

＿＿＿＿＿＿＿＿＿＿＿＿＿＿＿＿＿＿＿＿＿＿＿＿＿＿＿

☐ (5) The police found a <u>large</u> bike. （ stolen ）　stolen「steal（〜を盗む）の過去分詞」

＿＿＿＿＿＿＿＿＿＿＿＿＿＿＿＿＿＿＿＿＿＿＿＿＿＿＿

Q2 ( )内の正しいほうを選び，○で囲みなさい。

□ (1) 壊されたおもちゃ a (broke / broken) toy

□ (2) 話されている言語 [話し言葉] a (spoken / speak) language

□ (3) 使われた車 [中古車] a (using / used) car

□ (4) 印刷された文書 (printing / printed) documents

□ (5) 盗まれた自転車 a (stolen / stole) bike

Q3 次の日本文に合うように，( )内の語を並べかえなさい。

□ (1) その壊れた花びんを見なさい。
Look at (vase / the / broken).

Look at _____.

□ (2) 私はそのとき話された言葉を理解できませんでした。
I couldn't understand (spoken / the / language) then.

I couldn't understand _____ then.

□ (3) その男性は先月，中古車を買いました。
The man bought (a / car / used) last month.

The man bought _____ last month.

□ (4) 私は昨晩遅くに，印刷された文書を読みました。
I (documents / read / printed / the) late last night.

I _____ late last night.

□ (5) 盗まれた自転車は私のものです。
(bike / stolen / the) is mine.

_____ is mine.

過去分詞 ②

過去分詞も現在分詞と同じように，２語以上のカタマリの場合は名詞の後ろに置いて，その名詞を修飾します。たとえば，spoken in Japan「日本で話されている」という３語で the language を説明して，「日本で話されている言語」としたい場合には，the language spoken in Japan のようにします。

What is the language spoken in Japan?

（日本で話されている言語は何ですか）

Q1 （　　）内の正しいほうを選び，◯で囲みなさい。　　　　（5点×5 ＝ 25点）

□ ⑴ ジムによって壊された窓
　　the window (break by Jim / broken by Jim)

□ ⑵ 韓国で話されている言語
　　the language (spoken in Korea / speaking in Korea)

□ ⑶ 有名な画家によって描かれた絵
　　pictures (painting by a famous artist / painted by a famous artist)

□ ⑷ 彼女によって書かれた小説
　　novels (wrote by her / written by her)

□ ⑸ 彼によって愛された女性
　　a woman (loved by him / loving by him)

Q2 次の日本文に合うように，（　　）内の語句を並べかえなさい。 （7点×5＝35点）

☐ (1) これはマイクによって壊された花びんですか。
Is this (the vase / by / Mike / broken)?

Is this _____?

☐ (2) 彼女は中国語で書かれている本を読むことができます。
She can read (Chinese / in / books / written).

She can read _____.

☐ (3) その男性は有名な画家によって描かれた絵を買いました。
The man bought (the / pictures / artist / famous / painted / a / by).

The man bought _____.

☐ (4) 彼によって書かれた小説はとてもおもしろいです。
(by / the novels / him / written) are very interesting.

_____ are very interesting.

☐ (5) 彼によって愛されたその町は美しかったです。
(town / loved / by / the / him) was beautiful.

_____ was beautiful.

Q3 次の文を日本語に直しなさい。 （8点×5＝40点）

☐ (1) The songs sung by this singer are popular.

_____

☐ (2) These are the comics read by many girls.

_____

☐ (3) The car parked on the street is Tom's.　　　　park「駐車する」

_____

☐ (4) What is the language spoken in Australia?

_____

☐ (5) Do you know an actor loved by many young people?

_____

関係代名詞の主格 which

3021

関係代名詞は，名詞の後ろに続く語句のカタマリとともに前の名詞を説明するために使います。下の例文②の which は，例文①の後半の It の代わりをしながら，前半の名詞（the dog）と後ろのカタマリ（節という）を結びつけています。つまり，**関係代名詞は代名詞と接続詞の役割**をします。

前に置かれる名詞がどういうものなのか，また後ろに続くカタマリがどのような形になっているかによって，使われる関係代名詞が決まります。このセクションでは，**主格**の関係代名詞 which について学習します。**主格の which は，前に置かれる名詞は「人以外」**のもので，**直後には動詞が置かれる**というルールがあります。また，前に置かれる名詞のことを**先行詞**と呼ぶことも覚えておきましょう。

① **Look at the dog. It is running over there.**

└── ＝ ──┘　　　　　　（犬を見なさい）（それはあそこで走っています）

② **Look at the dog which is running over there.**

先行詞 ＝ which の場合　　動詞　　　　　　　（あそこで走っている犬を見なさい）
は人以外

Q1 下線部に注意して，次の 2 文を which を使ってつなぎなさい。　（5点×5 = 25点）

☐ (1) I know the book. It is very popular among young people.

_____

☐ (2) Look at the cat. It is sleeping over there.

_____

☐ (3) I have novels. They are very interesting.

_____

☐ (4) I have a dog. It has long ears.

_____

☐ (5) The bag is Mary's. It is very cute.

_____

Q2 次の日本語に合うように，（　　　）内の語句を並べかえなさい。 (7点×5＝35点)

□ (1) 机から落ちた本
the book (fell / the / which / from / desk)

the book _____

□ (2) 日本語で「犬」を意味する単語
the word (in / "dog" / which / means / Japanese)

the word _____

□ (3) インドで書かれた本
a book (which / in / written / was / India)

a book _____

□ (4) 野生の動物を助けるグループ
the group (which / wild / animals / helps)

the group _____

□ (5) 子どもたちの間で人気のあるゲーム
the game (popular / which / among children / is)

the game _____

Q3 関係代名詞を用いて，下線部を英語に直しなさい。 (8点×5＝40点)

□ (1) 机から落ちた花びん（vase）は私の祖母のものです。

_____ is my grandmother's.

□ (2) 私は中国語で書かれた本を1冊買いたいです。

I want to buy _____.

□ (3) 私は，野性の動物を助けるそのグループについて話すつもりです。

I will talk about _____.

□ (4) 韓国語（Korean）で「花」を意味する単語は何ですか。

What is _____?

□ (5) 日本の若者の間で人気のある小説を私に教えてください。

Please tell me _____.

関係代名詞の主格 who

3022

関係代名詞は，先行詞や後ろに続く語句の形によって使われる種類が決まることは前回説明しました。このセクションで登場する **who** は先行詞が「人」を表す名詞で，**後ろに動詞が続きます**。前回の関係代名詞 which 同様，今回の who も主格と呼ばれる関係代名詞です。

① **I know a boy. He can play soccer well.**　　　（私は少年を知っています）
　　　　　└─┘ = └─┘　　　　　　　　　　　　（彼は上手にサッカーをします）

② **I know a boy who can play soccer well.**
　　　　　先行詞 ＝ 人　　　　動詞　　　　　（私はサッカーが上手な少年を知っています）

Q1 下線部に注意して，次の2文を **who** を使ってつなぎなさい。　（5点×5＝25点）

☐ (1) I have <u>a friend</u>. <u>He</u> lives in Paris.

＿＿＿＿＿＿＿＿＿＿＿＿＿＿＿＿＿＿＿＿＿＿＿＿＿＿＿＿＿＿＿＿＿

☐ (2) Look at <u>the woman</u>. <u>She</u> is standing at the corner.

＿＿＿＿＿＿＿＿＿＿＿＿＿＿＿＿＿＿＿＿＿＿＿＿＿＿＿＿＿＿＿＿＿

☐ (3) I know <u>the children</u>. <u>They</u> are talking with a teacher.

＿＿＿＿＿＿＿＿＿＿＿＿＿＿＿＿＿＿＿＿＿＿＿＿＿＿＿＿＿＿＿＿＿

☐ (4) <u>The man</u> is Tom's uncle. <u>He</u> was reading a magazine.

＿＿＿＿＿＿＿＿＿＿＿＿＿＿＿＿＿＿＿＿＿＿＿＿＿＿＿＿＿＿＿＿＿

☐ (5) <u>These students</u> are very smart. <u>They</u> are studying English.

＿＿＿＿＿＿＿＿＿＿＿＿＿＿＿＿＿＿＿＿＿＿＿＿＿＿＿＿＿＿＿＿＿

Q2 次の日本語に合うように，（　　）内の語句を並べかえなさい。　　(7点×5 = 35点)

☐ (1) 京都に住んでいる友だち
　　a friend (lives / who / Kyoto / in)

　　a friend _____

☐ (2) 彼女に愛された男性
　　the man (was / who / by / loved / her)

　　the man _____

☐ (3) 決してあきらめない生徒
　　a student (who / gives up / never)

　　a student _____

☐ (4) 東京で日本語を勉強した先生
　　a teacher (in / Tokyo / studied / who / Japanese)

　　a teacher _____

☐ (5) この小説を書いた女性
　　the woman (this / novel / who / wrote)

　　the woman _____

Q3 関係代名詞を用いて，下線部を英語に直しなさい。　　(8点×5 = 40点)

☐ (1) ニューヨーク（New York）に住んでいる私の友だちはトムです。

　　_____ is Tom.

☐ (2) 多くの人に愛された人（person）は幸せです。

　　_____ is happy.

☐ (3) 彼女は決してあきらめない男性が好きです。

　　She likes _____.

☐ (4) 私たちはニュージーランド（New Zealand）で勉強した学生を知っています。

　　We know _____.

☐ (5) この映画を作った女性に会うことはできますか。

　　Can I meet _____?

セクション 22

関係代名詞の目的格 which

3023

セクション **20** で登場した which には，実は関係代名詞としてもう１つの使い方があります。先行詞が「人以外」というのは前回と同じですが，関係代名詞が導くカタマリの中で，which が目的語の働きをするという使い方です。この which の後ろには〈**主語＋動詞**〉**の形が続きます**。この関係代名詞 which は**目的格**といいます。

I read a book. I bought it yesterday.
（私は本を読みました）（私はそれを昨日買いました）

I read a book which I bought yesterday.
先行詞＝人以外　　　　主語＋動詞　　　　（私は昨日買った本を読みました）

Q1 下線部に注意して，次の２文を which を使ってつなぎなさい。 （5点×5＝25点）

☐ (1) This is the novel. We like it very much.

_____

☐ (2) Look at the cat. Mary is holding it in her arms.

_____

☐ (3) This is the village. I sometimes visit it.

_____

☐ (4) The magazines are very interesting. Many people read them.

_____

☐ (5) These computers are very good. Many Japanese businesspeople have them.

_____

Q2 次の日本語に合うように，（　　）内の語句を並べかえなさい。　（7点×5＝35点）

☐ (1) 私がそこで買った本
the book (I / bought / which / there)

the book _____

☐ (2) あなたが昨日作ったリボン
the ribbon (yesterday / you / made / which)

the ribbon _____

☐ (3) 私がいちばん好きな歌
the song (I / like / which / the best)

the song _____

☐ (4) 私たちが決して忘れることのできない経験
the experience (we / never / can / which / forget)

the experience _____

☐ (5) 私の母が訪れた国
the country (my / visited / which / mother)

the country _____

Q3 関係代名詞を用いて，下線部を英語に直しなさい。　（8点×5＝40点）

☐ (1) これは彼がいちばん好きな歌です。

This is _____.

☐ (2) 私がそこで買った雑誌はとてもおもしろかったです。

_____ was very interesting.

☐ (3) 彼は昨年，決して忘れることのできない経験をしました。

He had _____ last year.

☐ (4) オーストラリアは昨年私が訪れた国です。

Australia is _____ last year.

☐ (5) あなたが昨日撮ったそれらの写真はとてもきれいです。

_____ are very beautiful.

関係代名詞の目的格 whom

3024

前回学習した目的格の which は先行詞が人以外で, 後ろには〈主語＋動詞〉が続きました。今回学習する **whom** も which と同じ**目的格**の関係代名詞ですが, which の先行詞が「人以外」であったのに対して, whom の先行詞は「人」を表す名詞になります。

目的格の whom は who で代用されることがよくありますが, ここでは whom を使って練習しましょう。

This is the man.　I met him at the party.
└─────┘ ＝ └─────┘　（こちらは男性です）（私は彼にパーティーで会いました）

This is the man whom [who] I met at the party.
先行詞＝人　　　　　　　主語＋動詞 （こちらは私がパーティーで会った男性です）

Q1 下線部に注意して, 次の2文を **whom** を使ってつなぎなさい。　（5点×5＝25点）

☐ (1) This is <u>the man</u>.　We like <u>him</u> very much.

　　_____

☐ (2) Look at <u>the boy</u>.　I met <u>him</u> at the party.

　　_____

☐ (3) This is <u>the woman</u>.　I sometimes visit <u>her</u>.

　　_____

☐ (4) <u>The girl</u> is my daughter. You met <u>her</u> yesterday.

　　_____

☐ (5) <u>These men</u> are very tall. I am looking for <u>them</u>.

　　_____

Q2 次の日本語に合うように，（　　）内の語句を並べかえなさい。　　(7点×5＝35点)

☐ (1) 彼が英語を教えている生徒
the student (English / whom / he / teaches)

the student _____

☐ (2) 私たちが知らない男性
a man (whom / we / know / don't)

a man _____

☐ (3) 彼女がそこで会った少年
the boy (she / whom / there / met)

the boy _____

☐ (4) 彼らが話をしている若い男性
the young man (they / are / whom / talking with)

the young man _____

☐ (5) 私たちが好きな野球選手
the baseball player (whom / like / we)

the baseball player _____

Q3 関係代名詞whomを用いて，下線部を英語に直しなさい。　　(8点×5＝40点)

☐ (1) 私がフランス語（French）を教えている生徒たちは優秀です。

_____ are excellent.

☐ (2) 彼が駅で会ったお年寄りの男性（elderly man）は私のおじです。

_____ is my uncle.

☐ (3) マイクは私たちが知らない女性と話をしています。

Mike is talking with _____.

☐ (4) 私は彼女が探している少年を知っています。

I know _____.

☐ (5) 私がいちばん好きな俳優について話しましょう。

I will talk about _____.

学習日 ◯月 ◯日　⏱制限時間 **30**分　答え→別冊 p.10　＿＿＿＿ / 100点

3025

関係代名詞の目的格の省略

セクション㉒と㉓で学習した目的格の関係代名詞 which と whom は省略されることがあります。英文を読むとき，名詞の後ろに主語と動詞が続いている場合は，関係代名詞が省略されていると考えましょう。

This is <u>a watch</u> <u>my uncle gave</u> me.（これは私のおじが私にくれた腕時計<ruby>計<rt>うで</rt></ruby>です）

↑
whichの省略

Q1 次の語句の中には省略できる語があります。その語を省略して，日本語に合う形に書き直しなさい。

（7点×5 = 35点）

☐ (1) 私がいちばん好きな歌
the song which I like best

_____

☐ (2) あなたが決して忘れることのできない経験
an experience which you can never forget

_____

☐ (3) 彼が昨日買った本
the book which he bought yesterday

_____

☐ (4) 彼が英語を教えている生徒たち
the students whom he teaches English

_____

☐ (5) 彼が図書館で会った若い男性
the young man whom he met in the library

_____

下線部に注意して，次の2文を関係代名詞を使わないでつなぎなさい。

(5点×5＝25点)

□ (1) This is a magazine. I like it very much.

_____

□ (2) The comics are very interesting. Many students read them.

_____

□ (3) These dictionaries are very useful. Many businesspeople have them.

_____

□ (4) The girl was Yumi. I met her in the park.

_____

□ (5) The boys are very smart. He teaches math to them.

_____

Q3 次の日本文に合うように，（   ）内の語句を並べかえなさい。　(8点×5＝40点)

□ (1) 私は私がいちばん好きな歌を歌うつもりです。
I am going to sing (the best / the / I / song / like).

I am going to sing _____.

□ (2) 私は昨晩決して忘れることのできない夢を見ました。
I had (a dream / can / I / forget / never) last night.

I had _____ last night.

□ (3) 彼が訪れた国について話してください。
Please talk about (the / he / country / visited).

Please talk about _____.

□ (4) 彼が英語を教えている生徒たちはとても頭がよいです。
(he / the / English / students / teaches) are very smart.

_____ are very smart.

□ (5) その教授が話をしている若い男性はだれですか。
Who is (talking / the / professor / the / young man / is) with?

Who is _____ with?

セクション 25

関係代名詞 that

3026

ここまでのセクションで学習した主格や目的格の関係代名詞の代わりに使える関係代名詞が **that** です。that は先行詞が「人」でも「人以外」でも使うことができます。とても便利な関係代名詞ですが，that だけでなく which，who なども理解しましょう。

I have a friend that plays the guitar. （私にはギターを弾く友人がいます）
先行詞＝人　（主格）

Soccer is the sport that I like the best.
先行詞＝人以外　（目的格）　（サッカーは私がいちばん好きなスポーツです）

Q1 下線部を **that** に変えて，日本語に合う形に書きかえなさい。　（7点×5＝35点）

□ (1) テーブルから落ちた皿
the dishes <u>which</u> fell from the table

_____

□ (2) 戦争で亡くなった兵隊たち
the soldiers <u>who</u> were killed in the war　　　soldier「兵隊」

_____

□ (3) 仙台（せんだい）に住んでいる友だち
a friend <u>who</u> lives in Sendai

_____

□ (4) 私がそこで買ったハンバーガー
a hamburger <u>which</u> I bought there

_____

□ (5) 警察官が探している犯人
the criminals <u>whom</u> the police officers are looking for　　　criminal「犯人」

_____

Q2 下線部に注意して，次の2文を that を使ってつなぎなさい。 (5点×5＝25点)

□ (1) I have a friend. He lives in Paris.

_____

□ (2) These students are very smart. They are studying English.

_____

□ (3) Those dogs are very cute. They are running over there.

_____

□ (4) The comics are very interesting. Many students read them.

_____

□ (5) Look at these bikes. He bought them the other day.   the other day「先日」

_____

Q3 次の日本文に合うように，（　　）内の語句を並べかえなさい。 (8点×5＝40点)

□ (1) 机から落ちた辞書は私のものです。
（ desk / fell / the / that / dictionary / from / the) is mine.

_____ is mine.

□ (2) 私は彼によって撮られた写真を見たいです。
I want to see (by / that / taken / were / the pictures / him).

I want to see _____.

□ (3) ロンドンに住んでいる友だちはトムです。
(in / that / the / friend / lives / London) is Tom.

_____ is Tom.

□ (4) 私がそこで買った靴はとても安かったです。
(bought / that / the / I / shoes / there) were very cheap.

_____ were very cheap.

□ (5) マイクは私が長く知っている友だちです。
Mike is (that / known / the friend / I / have) for a long time.

Mike is _____ for a long time.

関係代名詞の所有格 whose

3027

このセクションでは，関係代名詞の**所有格 whose** の練習をします。whose は所有格の代名詞の働きと，先行詞と関係代名詞の導くカタマリを結ぶ働きがあります。関係代名詞の所有格は，**先行詞が「人」でも「人以外」でも whose** を使います。〈**先行詞＋whose ＋名詞＋(S)＋V ～ .**〉という語順になることに注意しましょう。また，先行詞と名詞との間には「先行詞 の 名詞」という関係が成り立ちます。

I have a classmate.　His [Her] brother is an actor.
　　　　　　　　＝
（私にはクラスメートがいます）（彼 [彼女] のお兄さんは俳優です）

I have a classmate whose brother is an actor.
　　　　先行詞＝人　　　　　　　名詞
（私にはお兄さんが俳優のクラスメートがいます）

The cat is mine.　Its tail is long.　（そのネコは私のです）（そのしっぽは長いです）
　　　　　　＝

The cat whose tail is long is mine.　（しっぽの長いネコは私のです）
先行詞＝人以外　　　　名詞

Q1 下線部に注意して，次の 2 文を whose を使ってつなぎなさい。　（5点×5 ＝ 25点）

☐ (1) I have a friend. His father is a doctor.

_____

☐ (2) The book is very interesting. Its cover is red.

_____

☐ (3) These dogs are very cute. Their eyes are brown.

_____

☐ (4) The man is very kind. I have his business card.

_____

☐ (5) Let's sing a song. I know its title.

_____

Q2 次の日本語に合うように，（　　）内の語を並べかえなさい。

□ (1) 母親が教師である女の子
a girl (is / mother / whose) a teacher

a girl ＿＿＿＿＿＿＿＿＿＿＿＿＿＿＿＿＿＿＿＿＿ a teacher

□ (2) ドアが赤い家
the house (is / whose / door) red

the house ＿＿＿＿＿＿＿＿＿＿＿＿＿＿＿＿＿＿＿＿＿ red

□ (3) 表紙が黒い本
the book (cover / whose / is) black

the book ＿＿＿＿＿＿＿＿＿＿＿＿＿＿＿＿＿＿＿＿＿ black

□ (4) あなたが持っている本の作者
the writer (book / whose / have / you)

the writer ＿＿＿＿＿＿＿＿＿＿＿＿＿＿＿＿＿＿＿＿＿

□ (5) 私が知っている歌の作者
the writer (I / whose / know / songs)

the writer ＿＿＿＿＿＿＿＿＿＿＿＿＿＿＿＿＿＿＿＿＿

Q3 関係代名詞を用いて，下線部を英語に直しなさい。

□ (1) 私は両親がお金持ちである子どもに会いました。

I met ＿＿＿＿＿＿＿＿＿＿＿＿＿＿＿＿＿＿＿＿＿＿.

□ (2) あなたは表紙が黒い本を見つけましたか。

Did you find ＿＿＿＿＿＿＿＿＿＿＿＿＿＿＿＿＿＿＿ ?

□ (3) 目が茶色のネコを見てください。

Look at ＿＿＿＿＿＿＿＿＿＿＿＿＿＿＿＿＿＿＿＿＿.

□ (4) こちらはあなたが持っている本の作者です。

This is ＿＿＿＿＿＿＿＿＿＿＿＿＿＿＿＿＿＿＿＿＿＿.

□ (5) ボブは妻（wife）が画家（painter）である男性です。

Bob is ＿＿＿＿＿＿＿＿＿＿＿＿＿＿＿＿＿＿＿＿＿＿.

出題範囲 ▶ セクション11〜26

1 各文と同じ文構造のものを下のア〜オの中から選び，記号で答えなさい。

(4点×5=20点)

☐ (1) He lent me a nice book yesterday.　　　　　　lend「〜を貸す」(　　)

☐ (2) The news made me very sad.　　　　　　　　　　　　　　(　　)

☐ (3) I have many friends in America.　　　　　　　　　　　　(　　)

☐ (4) My uncle lives in Hokkaido.　　　　　　　　　　　　　(　　)

☐ (5) Mary became a nurse last year.　　　　　　　　　　　　(　　)

　　ア He calls me Ted.　　　　　　**イ** My dog runs in the park.

　　ウ I was a teacher in this town.　　**エ** My mother gave me this card.

　　オ I know his father well.

2 (　　)に適する関係代名詞を入れなさい。ただし，**that** は使わないこと。

(3点×8=24点)

☐ (1) Do you know the man (　　　　　　) is standing by the red car?

☐ (2) They have a dog (　　　　　　) name is Lily.

☐ (3) I have a friend (　　　　　　) swims very fast.

☐ (4) Is this the dictionary (　　　　　　) you bought yesterday?

☐ (5) I want a house (　　　　　　) has a lot of rooms.

☐ (6) The girl (　　　　　　) we met at the bus stop was our cousin.

☐ (7) I know a girl (　　　　　　) mother is a pianist.

☐ (8) Look at the birds (　　　　　　) are singing over there.

3 次の英文の（　　）内の正しいほうを選び，○で囲みなさい。 （4点×8=32点）

□ (1) Look at the (fly / flying / flew) bird.

□ (2) Is this the house (which / who / whom) was built in 2015?

□ (3) This is the guitar (use / used / using) by a famous guitarist.

□ (4) I know the man (who / whose / which) climbed the mountain first.

□ (5) The singer (love / loved / was loved) by young people died last year.

□ (6) The house (which / whose / who) roof is red is mine.

□ (7) He will check the (broken / break / breaking) table.

□ (8) The man (talking / talked / is talking) on the phone is our manager.

4 次の日本文に合うように，（　　）の語句を並べかえなさい。 （6点×4=24点）

□ (1) 私にはメアリーという名前のアメリカ人の友だちがいます。
　　　(have / I / an / whose / name / American friend) is Mary.

　_____ is Mary.

□ (2) その作家によって書かれた本はとてもおもしろいです。
　　　(book / written / writer / the / by / the) is very interesting.

　_____ is very interesting.

□ (3) 私は花でいっぱいのかごを持っています。
　　　(have / full / of / is / flowers / I / a basket / which).

　_____.

□ (4) 私は先生と話している少年を知っています。
　　　(know / I / talking / with / a teacher / the boy).

　_____.

形式主語構文 (It is ... for ＿ to ～)

3029

「～すること」を主語とする文では，主語の部分が動詞に比べて長くなることがあります。そのような場合，長い主語の代わりに形式的に it を主語にして，「～すること」のカタマリを文末に置きます。この it を**形式主語**と呼びます。日本語にするときは，この it を「それ」とは訳さないので注意しましょう。このようにしてでき上がった文を**形式主語構文**と呼びます。また，「＿ にとって～すること」の「＿ にとって」は for ＿ で表します。

To read this book is hard for me. （この本を読むことは私にとって難しいです）
不定詞の名詞的用法の主語　　　　　動詞

It is hard for me **to read this book**.
形式主語

Q1 次の日本文に合うように，（　　）に適当な 1 語を入れなさい。　(5点×5 = 25点)

☐ (1) 彼にとって英語を話すことは簡単ではありません。
（　　　　　） is not easy for him （　　　　　） speak English.

☐ (2) 私たちにとって宿題をすることは重要です。
（　　　　　） is important （　　　　　） us （　　　　　） do the homework.

☐ (3) 彼女にとってピアノを弾くことは楽しいです。
（　　　　　） is fun （　　　　　） her （　　　　　） play the piano.

☐ (4) 学生にとって辞書を使うことはよいことです。
（　　　　　） is good （　　　　　） students （　　　　　） use a dictionary.

☐ (5) 私たちにとってニュース番組を見ることはよいことです。
（　　　　　） is good （　　　　　） us （　　　　　） watch the news.

Q2 It から始めて，全文を書きかえなさい。　(7点×5 = 35点)

☐ (1) 私にとって英語を話すことは難しいです。To speak English is difficult for me.

＿＿＿＿＿＿＿＿＿＿＿＿＿＿＿＿＿＿＿＿＿＿＿＿＿＿＿＿＿＿

□ (2) 私たちにとってサッカーをすることはわくわくします。
To play soccer is exciting for us.

_____

□ (3) 彼らにとって小説を読むことはとてもよいことです。
To read novels is very good for them.

_____

□ (4) 私たちにとって多くの友だちを持つことは重要です。
To have many friends is important for us.

_____

□ (5) 学生にとって辞書を使うことは必要です。
To use dictionaries is necessary for students.

_____

Q3 次の日本文に合うように，（　　）内の語句を並べかえなさい。　　(8点×5＝40点)

□ (1) 私にとって英語を話すことはおもしろいです。
(for me / speak / it / English / to / is / interesting).

_____.

□ (2) 彼女にとってピアノを弾くことは簡単です。
(is / play / piano / to / the / for her / it / easy).

_____.

□ (3) 私たちにとってニュース番組を見ることは重要です。
(to / the news / it / for us / important / watch / is).

_____.

□ (4) 彼にとって宿題をすることは簡単ではありません。
(to / the homework / is / not / easy / do / it / for him).

_____.

□ (5) 若者にとってお年寄りを助けることはよいことです。
(for young people / help / to / elderly / it / good / people / is).

_____.

how to ～

> how, when, what, where などの疑問詞を疑問文で用いる表現は中学1年で学習しましたが, **疑問詞の後ろに不定詞を続けることで大きな意味のカタマリを作る**ことができます。ここでは, 疑問詞の how を使った how to ～「～する方法, ～の仕方」という表現を学習しましょう。〈疑問詞＋不定詞〉は know や teach などとともに使うことが多いです。
>
> **Do you know <u>how to make</u> a cake?**
>   疑問詞＋不定詞
>   （あなたはケーキの作り方を知っていますか）
>
> **My mother taught me <u>how to cook</u>.**
>   疑問詞＋不定詞
>   （私の母は私に料理をする方法を教えてくれました）

Q1 次の英文の(　　)内の正しいほうを選び, ◯で囲みなさい。　（5点×5＝25点）

☐ (1) 私は英語の勉強の仕方を知りません。
I don't know (to how study / how to study) English.

☐ (2) 彼は上手に料理をする方法を知っています。
He knows (to how cook / how to cook) well.

☐ (3) 私たちの先生は私たちに E メールの書き方を教えてくれました。
Our teacher taught us (how to write / write how to) e-mails.

☐ (4) 私の父は私に釣りの仕方を教えてくれました。
My father taught me (to fish how / how to fish).　　　fish「釣りをする」

☐ (5) これが部屋をきれいにする方法です。
This is (to clean how / how to clean) the room.

（　　　）内の語句を使って，日本語を英語に直しなさい。　　　　　　（7点×5＝35点）

☐ ⑴ 泳ぐ方法　（ swim ）

_____

☐ ⑵ 料理をする方法　（ cook ）

_____

☐ ⑶ コンピューターを使う方法　（ use a computer ）

_____

☐ ⑷ 英語の話し方　（ speak English ）

_____

☐ ⑸ レポートの書き方　（ write a report ）

_____

Q3　次の日本文に合うように，（　　　）内の語句を並べかえなさい。　　（8点×5＝40点）

☐ ⑴ 私はギターの弾き方を知りません。
I don't know (play / how / guitar / the / to).

I don't know _____.

☐ ⑵ 私は速く泳ぐ方法を知りませんでした。
I didn't know (swim / how / fast / to).

I didn't know _____.

☐ ⑶ 彼は私にこの機械の使い方を教えてくれました。
He taught me (this / how / use / to / machine).

He taught me _____.

☐ ⑷ 私に英語の話し方を教えてくれませんか。
Could you teach (how / me / to / English / speak)?

Could you teach _____?

☐ ⑸ これが図書館への行き方です。
This is (to / get / how / the library / to).

This is _____.

what to 〜

前回のセクションで，〈疑問詞＋不定詞〉で意味のカタマリを作る表現の how to 〜を学習しました。ここでは，**what to** 〜「何を〜すべきか，何を〜したらよいか」という表現について練習しましょう。

I don't know <u>what to bring</u> to the party.
　　　　　　　疑問詞＋不定詞　　（私はパーティーに何を持っていけばよいかわかりません）

John told me <u>what to do</u>.
　　　　　　疑問詞＋不定詞　　　（ジョンは私に何をすべきかを教えてくれました）

Q1 次の英文の（　　）内の正しいほうを選び，◯で囲みなさい。 （5点×5 ＝ 25点）

□ (1) 私は何と言ってよいかわかりません。
　　I don't know (to what say / what to say).

□ (2) 私の友だちは何を食べればよいかわかっていました。
　　My friends knew (eat what to / what to eat).

□ (3) 私の母は私に，何を買ったらよいかを教えてくれました。
　　My mother told me (what to buy / to buy what).

□ (4) 私に何を読んだらよいかを教えてくれませんか。
　　Could you tell me (to read what / what to read)?

□ (5) これが次にやるべきことです。
　　This is (what to do / what do to) next.

Q2 ( )内の語句を使って，日本語を英語に直しなさい。　　　　（7点×5＝35点）

☐ (1) 何を買うべきか　（ buy ）

_____

☐ (2) 何を言うべきか　（ say ）

_____

☐ (3) 何をすべきか　（ do ）

_____

☐ (4) 何を彼に教えたらよいか　（ teach him ）

_____

☐ (5) 何を次に勉強したらよいか　（ study next ）

_____

Q3 次の日本文に合うように，（ ）内の語を並べかえなさい。　　　　（8点×5＝40点）

☐ (1) 彼はそのとき，何と言ってよいのかわかりませんでした。
He didn't know (to / say / what) then.

He didn't know _____ then.

☐ (2) 私の母は私に，彼の誕生日に何を買ったらよいか教えてくれました。
My mother told me (to / buy / for / what) his birthday.

My mother told me _____ his birthday.

☐ (3) 彼は私に，次に何をしたらよいかを教えてくれました。
He (next / told / me / do / what / to).

He _____.

☐ (4) 彼女は私たちに，何を読めばよいかを教えてくれました。
She (us / told / to / read / what).

She _____.

☐ (5) これが次に言うべきことです。
This is (what / next / to / say).

This is _____.

学習日 ◯ 月 ◯ 日　⏱ 制限時間 **30** 分　答え→別冊 p.12 　_____ / 100点

3032

where to 〜

where「どこ」は場所をたずねるときに使う疑問詞ですが，**where to 〜** のように不定詞とともに使うと，「どこで［に］〜すべきか，どこで［に］〜したらよいか」という意味になります。

She didn't know <u>where to sit</u>. (彼女はどこに座ったらよいのかわかりませんでした)
　　　　　　　　　　　疑問詞＋不定詞

Could you tell me <u>where to go</u>?　（どこに行くべきか私に教えてくれませんか）
　　　　　　　　　　疑問詞＋不定詞

Q1 次の英文の（　　）内の正しいものを選び，◯で囲みなさい。　　(5点×5＝25点)

☐ (1) 私はあなたにどこで会えばよいのかわかりません。
　　I don't know (to meet where / where to meet) you.

☐ (2) 彼はどこでチケットを手に入れたらよいのか知っていましたか。
　　Did he know (to get where / where to get) a ticket?

☐ (3) どこから始めたらよいか私に教えてくれませんか。
　　Could you tell me (where to start / where start to / what to start)?

☐ (4) どこに行けばよいのか私に教えてください。
　　Tell me (go to where / where to go / how to go).

☐ (5) 私の友だちは私にどこに自転車をとめておいたらよいのか教えてくれました。
　　My friend told me (where to park / park where to) my bike.

park「〜をとめておく」

（　　）内の語句を使って、日本語を英語に直しなさい。　　　　　（7点×5＝35点）

□ (1) どこに行くべきか　（ go ）

_____

□ (2) どこに住むべきか　（ live ）

_____

□ (3) どこで彼と会うべきか　（ meet him ）

_____

□ (4) どこで今晩食事をしたらよいか　（ eat tonight ）

_____

□ (5) どこに私の車をとめたらよいのか　（ park ）

_____

Q3 次の日本文に合うように，（　　）内の語を並べかえなさい。　　（8点×5＝40点）

□ (1) 私はどこでチケットを買えばよいのかわかりません。
　　　 I don't know (where / buy / ticket / a / to).

　　　 I don't know _____.

□ (2) 私の姉はどこに行けばよいのかわかっています。
　　　 My sister (go / where / to / knows).

　　　 My sister _____.

□ (3) どこに自転車をとめたらよいのか私に教えてください。
　　　 Tell (where / me / to / park) my bike.

　　　 Tell _____ my bike.

□ (4) あなたはどこから始めたらよいのか知っていますか。
　　　 Do you (start / to / where / know)?

　　　 Do you _____?

□ (5) どこで宿題をしたらよいのか私に教えてくれませんか。
　　　 Could you tell me (where / my / to / homework / do)?

　　　 Could you tell me _____?

when to 〜

3033

ここでは **when to 〜** のカタマリについて学習します。when「いつ」は時をたずねる疑問詞ですが，when to 〜 のように不定詞とともに使うことで，「いつ〜すべきか，いつ〜したらよいか」という意味になります。

Tell me when to call you.（いつあなたに電話したらよいか私に教えてください）

Q1 次の英文の（　　）内の正しいものを選び，◯で囲みなさい。　（5点×5＝25点）

□ (1) 私はいつその仕事を始めたらよいのかわかりません。
I don't know (to when start / when to start) the work.

□ (2) 彼女はいつその仕事をしたらよいのかわかっています。
She knows (when to do / when do to) the work.

□ (3) あなたはいつチケットを買ったらよいのか知っていますか。
Do you know (when to buy / when buy to) the ticket?

□ (4) 私にいつ行けばよいのか教えてください。
Tell me (when to go / when go to / where to go).

□ (5) 彼女は私たちに，いつ英語の勉強をしたらよいか教えてくれました。
She taught us (when study to / when to study / when study) English.

Q2 （　　）内の語句を使って、日本語を英語に直しなさい。　（7点×5＝35点）

□ (1) いつ出発すべきか　（ leave ）

_____

□ (2) いつ英語の勉強をすべきか　（ study English ）

_____

□ (3) いつ彼に真実を伝えるべきか　（ tell him the truth ）

_____

☐ (4) いつここに来たらよいか　(come here)

_____

☐ (5) いつ夕食を食べたらよいか　(have dinner)

_____

Q3 次の日本文に合うように，(　　)内の語を並べかえなさい。 (8点×5＝40点)

☐ (1) 私はいつ買いものに行けばよいのかわかりません。
I don't know (when / shopping / go / to).

I don't know _____.

☐ (2) 私はいつ彼に真実を言ってよいのかわかりませんでした。
I didn't know (when / tell / him / to) the truth.

I didn't know _____ the truth.

☐ (3) 彼はいつここに来るのかわかっていますか。
Does he know (come / here / when / to)?

Does he know _____?

☐ (4) 私は彼にいつその仕事を始めたらよいか伝えました。
I told him (when / start / to) the work.

I told him _____ the work.

☐ (5) いつあなたに会えばよいのか私に教えてください。
Tell me (when / you / meet / to).

Tell me _____.

 ポイント which (＋名詞＋) to ～

which to ～という形もあります。

　　which to **take**　　「どちらを取るべきか」
　　which to **eat**　　「どちらを食べるべきか」

また，〈which＋名詞＋to ～〉のように，which と to の間に名詞が入る形もあります。

　　which dictionary to **use**「どちらの辞書を使うべきか」

73

3034

too … to 〜

too を使った不定詞の重要表現を学習しましょう。too … to 〜 で「…すぎて〜できない，〜するには…すぎる」という意味です。また,「〜できないのはだれか」を表すには〈too … for＋人＋to 〜〉という形にします。「…すぎて（人）は〜できない，（人）が〜するには…すぎる」という意味です。

This book is too hard for me to read.

（この本は難しすぎて私は読むことができません）

Q1 次の英文の（　　）内の正しいほうを選び，◯で囲みなさい。　　　（5点×5＝25点）

□ (1) 私の父は疲れ<ruby>疲<rt>つか</rt></ruby>れすぎて，もう働くことができません。
　　My father is too tired (for work / to work) anymore.

　　　　　　　　　　　　anymore「（否定文・疑問文で）もう，もはや」

□ (2) 寒すぎて外に行くことはできませんでした。
　　It was (too cold / cold too) to go outside.

□ (3) この質問は難しすぎて答えることができません。
　　This question is (too difficult / difficult too) to answer.

□ (4) このかばんは重すぎて私たちは運ぶことができません。
　　This bag is (too heavy / heavy too) for us to carry.

□ (5) 彼は速く走りすぎて私はついていけません。
　　He runs (too fast / fast too) for me to follow.

Q2 日本文に合うように，（　　）内の語を並べかえなさい。 (7点×5＝35点)

☐ (1) 彼女は忙しすぎて昼食を食べることができませんでした。
いそが
She (have / was / busy / too / to / lunch).

She _____.

☐ (2) 私の祖母は年をとりすぎて速く歩くことができません。
(is / too / walk / my / grandmother / old / fast / to).

_____.

☐ (3) この川は深すぎるので，そこで泳ぐことはできません。
(river / deep / too / this / to / swim / is) there.

_____ there.

☐ (4) この本は難しすぎて私には理解できません。
This book (too / is / for / difficult / me / understand / to).

This book _____.

☐ (5) 彼はとても速く話すので私たちは理解できません。
He speaks (fast / us / understand / to / too / for).

He speaks _____.

Q3 次の日本文を英語に直しなさい。 (8点×5＝40点)

☐ (1) このお茶は熱すぎて飲めません。

_____

☐ (2) 彼女は忙しすぎて私といっしょに買いものに行けませんでした。

_____

☐ (3) 彼は疲れすぎていて宿題ができませんでした。

_____

☐ (4) その辞書は学生が買うには高すぎます (expensive)。

_____

☐ (5) 今日はコートを着るには暖かすぎます (warm)。

_____

so ～ that + S + V ①

3035

このセクションでは，〈so ～ that + S + V〉「とても～なので S が V する，S が V する には～すぎる」という表現を学習します。～には形容詞や副詞が入ります。

My father was so angry that I was sad.

(私の父はとても怒っていたので私は悲しかったです)

「とても～なので S は V することができない」と否定形にするときは〈so ～ that + S + can't[cannot] + V〉という形になります。この文は，〈too ...(for + 人) + to ～〉で書きかえることができます。

I am so tired that I can't walk anymore.

(とても疲れているので私はもう歩けません)

= I am too tired to walk anymore.

このセクションでは〈so ～ that + S + can't[cannot] + V〉の練習をしましょう。

Q1 次の英文の(　　　)内の正しいほうを選び，◯で囲みなさい。 (5点×5＝25点)

☐ (1) My mother is (so busy / too busy) that she can't have lunch.

☐ (2) The old man was (too old / so old) that he couldn't walk.

☐ (3) This river is (so deep / too deep) that children can't swim there.

☐ (4) The novels are so difficult (that I can't read / for me to read) them.

☐ (5) He speaks so fast (for me to understand / that I can't understand) him.

Q2 各組の 2 つの英文がほぼ同じ意味になるように，(　　　)に適当な 1 語を入れなさい。 (7点×5＝35点)

☐ (1) 私は忙しすぎてよく眠れません。
I am too busy to sleep well.
I am (　　　　　　) busy (　　　　　　) I can't sleep well.

□ (2) 彼は年をとっているので車を運転することができません。
He is too old to drive a car.
He is (　　　　　　　) old (　　　　　　　) he can't drive a car.

□ (3) この質問は難しすぎて私たちには答えることはできません。
This question is too difficult for us to answer.
This question is (　　　　　　) difficult (　　　　　　) we can't answer it.

□ (4) このかばんは重すぎて私たちは運ぶことができませんでした。
This bag was too heavy for us to carry.
This bag was (　　　　　　　) heavy (　　　　　　　) we couldn't carry it.

□ (5) クミは速く走りすぎて私はついていけません。
Kumi runs too fast for me to follow.
Kumi runs (　　　　　　) fast (　　　　　) I can't follow her.

Q3 次の日本文に合うように，（　　　）内の語を並べかえなさい。　(8点×5＝40点)

□ (1) 彼は忙しすぎて夕食を食べることができませんでした。
He was (have / busy / so / he / that / couldn't) dinner.

He was ＿＿＿＿＿＿＿＿＿＿＿＿＿＿＿＿＿＿＿＿＿＿＿＿ dinner.

□ (2) 私の祖父はとても年をとっていて，速く歩くことができません。
My grandfather (is / so / walk / he / old / that / can't) fast.

My grandfather ＿＿＿＿＿＿＿＿＿＿＿＿＿＿＿＿＿＿＿＿ fast.

□ (3) この川はとても汚いので，子どもたちはそこで泳ぐことはできません。
This river (can't / dirty / so / that / swim / is / children) there.

This river ＿＿＿＿＿＿＿＿＿＿＿＿＿＿＿＿＿＿＿＿＿ there.

□ (4) この本はとても難しいので，私には理解できません。
This book (I / so / is / difficult / that / understand / can't) it.

This book ＿＿＿＿＿＿＿＿＿＿＿＿＿＿＿＿＿＿＿＿＿＿ it.

□ (5) 彼女はとても速く話すので私たちは理解できません。
She speaks (fast / can't / understand / that / so / we) her.

She speaks ＿＿＿＿＿＿＿＿＿＿＿＿＿＿＿＿＿＿＿＿＿＿ her.

77

... enough to ～

3036

> ... enough to ～ は「～するのに十分…である」という表現です。「…」には形容詞や副詞が入り，「～」には動詞の原形が入ります。また，「～するのはだれか」をはっきりさせるときには，〈... enough for ＋人＋ to ～〉の形にします。「（人）が～するのに十分…である」という意味になります。語順を間違えないように練習しましょう。
>
> **He is old enough to drive a car.** （彼は車を運転できる年齢です）
>
> ... enough to ～は，上の例文や下の問題文にあるように，文意によっていろいろな訳し方をします。

Q1 次の英文の（　　）内の正しいほうを選び，◯で囲みなさい。　　（5点×5＝25点）

☐ (1) 彼は車を2台買うことができるほどお金持ちです。
He is (enough rich to / rich enough to) buy two cars.

☐ (2) 彼女はその問題に答えることができるほど十分に賢いです。
She is (smart enough to / enough smart to) answer the question.

☐ (3) 彼らは親切にもお年寄りの女性を助けました。
They were (enough kind to / kind enough to) help the elderly woman.

☐ (4) 彼らはバスに十分間に合うほど早く起きました。
They got up (early enough to / enough early to) catch the bus.

☐ (5) この地域は私たちが住むには十分快適です。
This area is comfortable enough (for us to live / to us to live) in.

Q2 次の日本文に合うように，（　　）内の語を並べかえなさい。　　（7点×5＝35点）

☐ (1) 彼女はたくさんの宝石類を買うことができるほどお金持ちです。
　　She is (to / buy / rich / enough) a lot of jewelry.　　jewelry「宝石類」

　　She is ＿＿＿＿＿＿＿＿＿＿＿＿＿＿＿＿＿＿＿＿＿＿ a lot of jewelry.

☐ (2) 彼は親切にも私を助けてくれました。
　　He (help / enough / was / kind / to) me.

　　He ＿＿＿＿＿＿＿＿＿＿＿＿＿＿＿＿＿＿＿＿＿＿＿＿＿ me.

☐ (3) 私たちは電車に十分間に合うほど早く起きました。
　　We got up (to / catch / the / early / enough / train).

　　We got up ＿＿＿＿＿＿＿＿＿＿＿＿＿＿＿＿＿＿＿＿＿＿.

☐ (4) その男性は彼女が好きになるのに十分優しいです。
　　The man is kind (for / to / like / enough / her) him.

　　The man is kind ＿＿＿＿＿＿＿＿＿＿＿＿＿＿＿＿＿＿＿ him.

☐ (5) この本は子どもたちが読めるほど簡単です。
　　This book is easy (children / enough / to / for / read).

　　This book is easy ＿＿＿＿＿＿＿＿＿＿＿＿＿＿＿＿＿＿＿.

Q3 次の日本文を英語に直しなさい。　　（8点×5＝40点）

☐ (1) この本は私が読めるほど簡単です。

　　＿＿＿＿＿＿＿＿＿＿＿＿＿＿＿＿＿＿＿＿＿＿＿＿＿＿＿＿

☐ (2) この自転車は私が買うのに十分安い（cheap）です。

　　＿＿＿＿＿＿＿＿＿＿＿＿＿＿＿＿＿＿＿＿＿＿＿＿＿＿＿＿

☐ (3) 彼はこの箱を運べるほどの力があります（strong）。

　　＿＿＿＿＿＿＿＿＿＿＿＿＿＿＿＿＿＿＿＿＿＿＿＿＿＿＿＿

☐ (4) 彼女は世界旅行に行ける（travel around the world）くらいお金持ちです。

　　＿＿＿＿＿＿＿＿＿＿＿＿＿＿＿＿＿＿＿＿＿＿＿＿＿＿＿＿

☐ (5) その少年はその本を読むことができるほど賢いです。

　　＿＿＿＿＿＿＿＿＿＿＿＿＿＿＿＿＿＿＿＿＿＿＿＿＿＿＿＿

学習日 ◯ 月 ◯ 日　⏱ 制限時間 **30** 分　答え→別冊 p.13　_____ / 100点

so ～ that + S + V ②

3037

> セクション **34** で練習した ... enough to ～ は，〈so ～ that + S + V〉「とても～なので S が V する，S が V するには～すぎる」に書きかえることができます。too ... to ～ を書きかえるとき（→ セクション **33**）とは違い，so ～ that のあとが肯定文になることに注意しましょう。
>
> **He is rich enough to buy a big house.**
>
> （彼は大きな家を買うのに十分お金持ちです）
>
> = **He is so rich that he can buy a big house.**
>
> （彼はお金持ちなので大きな家を買うことができます）

Q1 次の英文の(　　)内の正しいほうを選び，◯で囲みなさい。　　(5点×5 = 25点)

☐ (1) Rumi is (so friendly / too friendly) that she is liked by a lot of people.

☐ (2) Mr. Kato is (too kind / so kind) that his students like him.

☐ (3) This river is (so clean / too clean) that we can swim there.

☐ (4) The novel is so easy (that we can read / for us to read) it.

☐ (5) He speaks so slowly (for me to understand / that I can understand) him.

Q2 各組の2つの英文がほぼ同じ意味になるように，(　　)に適当な1語を入れなさい。　　(7点×5 = 35点)

☐ (1) 彼は十分にお金持ちなので車を2台買うことができます。
He is rich enough to buy two cars.

He is (　　　　　) rich (　　　　　) he can buy two cars.

☐ (2) 彼女は賢いのでその問題に答えることができます。
She is smart enough to answer the question.

She is (　　　　　) smart (　　　　　) she can answer the question.

□ (3) 彼らはお年寄りを助けるほど親切でした。
They were kind enough to help elderly people.

They were (　　　　　) kind (　　　　　) they helped elderly people.

□ (4) 彼らは十分に早く起きたので，バスに間に合いました。
They got up early enough to catch the bus.

They got up (　　　　　) early (　　　　　) they were able to catch the bus.

□ (5) この本は私が読めるくらい簡単です。
This book is easy enough for me to read.

This book is (　　　　　) easy (　　　　　) I can read it.

Q3 次の日本文に合うように，(　　)内の語句を並べかえなさい。　(8点×5＝40点)

□ (1) 彼女はたくさんの車を買えるほどお金持ちです。
She is (rich / so / she / that / can / buy) a lot of cars.

She is _____ a lot of cars.

□ (2) 彼は私を助けてくれるほど親切でした。
He (helped / so / he / was / kind / that) me.

He _____ me.

□ (3) 私たちはとても早く家を出たので，バスに間に合いました。
We left home (catch / were / we / that / early / so / able to) the bus.

We left home _____ the bus.

□ (4) その男性はとても優しかったので，彼女は彼が好きでした。
The man was (that / liked / so / she / kind) him.

The man was _____ him.

□ (5) この本はとても簡単なので，子どもたちは読むことができます。
This book is (so / children / easy / that / read it / can).

This book is _____.

学習日 ◯ 月 ◯ 日　⏱ 制限時間 **30** 分　答え→別冊 p.13　_____ / 100点

3038

want ... to ～

> want ... to ～ で「(S は)…に～してほしい，(S は)…に～してもらいたい」という表現を作ることができます。…には人を指す語，～には動詞の原形がきます。この表現では，動作をするのは want の前にある文の主語ではなく，「…」にくる人です。次の 2 つの文の違いに注意しましょう。
>
> **My father wants me to wash his car.**
> （私の父は私に，彼の車を洗ってほしいと思っています）
> →「父の車を洗う」のは「私」
>
> **My father wants to wash his car.**　（私の父は彼の車を洗いたいと思っています）
> →「父の車を洗う」のは「父」

Q1 次の英文の（　　）内の正しいほうを選び，◯で囲みなさい。　　（5点×5 = 25点）

☐ (1) 私は彼に，英語を勉強してもらいたいです。
I (want him to / want to him) study English.

☐ (2) 私の母は私に，手伝ってほしいと思っています。
My mother (wants me to / wants to me) help her.

☐ (3) 彼女はトムに，自分の宿題をやってほしいと思っています。
She (wants to Tom / wants Tom to) do her homework.

☐ (4) 彼は私たちに，ここに来てほしいと思っていました。
He (wanted to us / wanted us to) come here.

☐ (5) 私たちの先生は私たちに，言うことを聞いてもらいたいと思っていました。
Our teacher (wanted us to / wanted to us) listen to him.

次の日本文に合うように，（　　）内の語句を並べかえなさい。　　(7点×5＝35点)

□ (1) 私は彼女に，もっと勉強をしてもらいたいです。
I (want / to / harder / study / her).

I _____.

□ (2) 私の母は私に，皿を洗ってもらいたいと思っています。
My mother (to / the dishes / wash / wants / me).

My mother _____.

□ (3) 私の父は私に，彼女と結婚してほしいと思っています。
(father / wants / me / to / my / marry) her.

_____ her.

□ (4) 彼女は彼に，一生懸命働いてほしいと思っています。
(him / she / wants / to / work) hard.

_____ hard.

□ (5) 私の先生は私に，7時に来てもらいたいと思っていました。
(to / wanted / teacher / my / come / me) at seven.

_____ at seven.

Q3 次の日本文を英語に直しなさい。　　(8点×5＝40点)

□ (1) 私はあなたに，真実（truth）を言ってもらいたいです。

_____

□ (2) 彼は私に，彼を手伝ってもらいたいと思っていました。

_____

□ (3) 私はあなたに，今夜（tonight）私に電話してほしいと思っています。

_____

□ (4) 私たちの先生は私たちに，その本を読んでもらいたいと思っています。

_____

□ (5) 彼女は私に，彼女とそのコンサート（concert）に行ってほしいと思っていました。

_____

would like ... to 〜

3039

> would like ... to 〜 で「(S は)…に〜してもらいたいのですが」という表現を作ることができます。この表現は，want ... to 〜「(S は)…に〜してもらいたい」をややていねいで控えめにしたものと考えましょう。
>
> **I would like you to eat this cake.**
>
> （私はあなたにこのケーキを食べてもらいたいのですが）

Q1 次の英文の（　　）内の正しいほうを選び，◯で囲みなさい。　　(5点×5 = 25点)

☐ (1) 私は彼に数学を勉強してもらいたいのですが。
　　I (would like him to / would like to him) study math.

☐ (2) 私は私の母に手伝ってほしいのですが。
　　I (would like my mother to / would like to my mother) help me.

☐ (3) 私はトムに，私の宿題をやってほしいのですが。
　　I (would like to Tom / would like Tom to) do my homework.

☐ (4) 私は彼らにここに来てほしいのですが。
　　I (would like to them / would like them to) come here.

☐ (5) 私はあなたに私の話を聞いてもらいたいのですが。
　　I (would like you to / would like to you) listen to me.

次の日本文に合うように，（　　　）内の語句を並べかえなさい。 (7点×5＝35点)

☐ (1) 私は彼にもっと勉強をしてもらいたいのですが。

I (would / to / harder / study / him / like).

I _____ .

☐ (2) 私は私の妹に皿を洗ってもらいたいのですが。

I (to / like / the dishes / wash / would / sister / my).

I _____ .

☐ (3) 私は私の息子に彼女と結婚してほしいのですが。

(son / would / I / to / my / marry / like) her.

_____ her.

☐ (4) 私は彼に働いてほしいのですが。

(him / I / would / to / work / like).

_____ .

☐ (5) 私は彼にもっとゆっくり話をしてもらいたいのですが。

(I / speak / more slowly / would / to / like / him).

_____ .

Q3

would を用いて，次の日本文を英語に直しなさい。 (8点×5＝40点)

☐ (1) 私はあなたに手紙を私に書いてほしいのですが。

_____

☐ (2) 私は彼女に私といっしょに買いものに行ってほしいのですが。

_____

☐ (3) 私はあなたにこの本を読んでもらいたいのですが。

_____

☐ (4) 私は彼にその話を私にしてほしいのですが。

_____

☐ (5) 私はあなたに私のパーティーに来てもらいたいのですが。

_____

学習日 ◯ 月 ◯ 日　⏱ 制限時間 **30** 分　答え→別冊 p.14　＿＿＿＿／100点

3040

tell ... to 〜

tell ... to 〜で「(S は) …に〜するように言う，命じる」という表現になります。want ... to 〜と同じように，「…が〜する」という関係にあることをしっかり覚えておきましょう。

My mother always tells me to get up early.

(私の母はいつも私に早起きするように言います)

→「起きる」のは「私」

Q1 次の英文の(　　)内の正しいほうを選び，◯で囲みなさい。

(5点×5＝25点)

☐ (1) 私は彼に英語を勉強するように言いました。
I (told him to / told to him) study English.

☐ (2) 私の母は私に手伝うように言います。
My mother (tells me to / tells to me) help her.

☐ (3) 彼女はトムに宿題をするように言いました。
She (told to Tom / told Tom to) do his homework.

☐ (4) 彼は私たちにここに来るように言うでしょう。
He will (tell to us / tell us to) come here.

☐ (5) 私たちの先生は私たちに，自分の話を聞くように言いました。
Our teacher (told us to / told to us) listen to him.

Q2 次の日本文に合うように，（　　）内の語句を並べかえなさい。　(7点×5＝35点)

☐ (1) 私は彼女にもっと勉強をするように言うつもりです。

I will (tell / to / harder / study / her).

I will _____.

☐ (2) 私の祖母は私に皿を洗うように言いました。

My grandmother (to / the dishes / wash / told / me).

My grandmother _____.

☐ (3) 私の父は私にここに座るように言いました。

(father / told / me / to / my / sit) here.

_____ here.

☐ (4) 彼女は彼にもっと一生懸命働くように言いました。

(him / she / told / to / harder / work).

_____.

☐ (5) 私の先生は私にもっと早く来るように言いました。

(to / told / teacher / my / come / me) earlier.

_____ earlier.

Q3 次の日本文を英語に直しなさい。　(8点×5＝40点)

☐ (1) 私の母は私に，私の部屋を掃除するように言いました。

_____

☐ (2) 彼は私にこの本を読むように言いました。

_____

☐ (3) 私の兄は私に早く家に帰ってくるように言いました。

_____

☐ (4) トム（Tom）はケンに手伝ってくれるように言いました。

_____

☐ (5) 私は彼女にそこに行くように言うつもりです。

_____

3041

ask ... to ～

ask ... to ～ で「(S は) …に～するように頼む」という表現になります。この表現では，want ... to ～ や tell ... to ～ と同じように，「…が～する」という関係を作ることに注意しましょう。

She asked me to open the window. （彼女は私に窓を開けるように頼みました）

→「開ける」のは「私」

Q1 次の英文の( )内の正しいほうを選び，◯で囲みなさい。　　（5点×5＝25点）

☐ (1) 私は彼らに英語を勉強するように頼みました。
I (asked them to / asked to them) study English.

☐ (2) 私の母は私に手伝うように頼みました。
My mother (asked me to / asked to me) help her.

☐ (3) 彼女はジムに宿題をやるように頼みました。
She (asked to Jim / asked Jim to) do the homework.

☐ (4) 私たちの先生は私たちにその部屋を掃除するように頼むでしょう。
Our teacher will (ask us to / ask to us) clean the room.

☐ (5) 彼は私にここに来るように頼みました。
He (asked to me / asked me to) come here.

Q2 次の日本文に合うように，( )内の語句を並べかえなさい。　　（7点×5＝35点）

☐ (1) 私は彼女にもっと勉強をするように頼みました。
I (asked / to / harder / study / her).

I ＿＿＿＿＿＿＿＿＿＿＿＿＿＿＿＿＿＿＿＿＿＿＿＿＿＿＿＿ .

☐ (2) 私の父は私に車を洗うように頼みました。
My father (to / the car / wash / asked / me).

My father ＿＿＿＿＿＿＿＿＿＿＿＿＿＿＿＿＿＿＿＿＿＿＿＿＿ .

□ (3) 私は彼女に，私と結婚してくれるように頼みました。

(I / to / her / asked / marry) me.

_____ me.

□ (4) 彼らは私にパーティーに来るように頼みました。

(me / they / asked / to / come) to the party.

_____ to the party.

□ (5) 私の先生は彼らに 8 時に来るように頼むでしょう。

(will / teacher / my / come / them / ask / to) at eight.

_____ at eight.

Q3 次の日本文を英語に直しなさい。 (8点×5 ＝ 40点)

□ (1) 私はカナにピアノを弾いてくれるように頼みました。

_____

□ (2) 彼女は私に彼女の歌を聞いてくれるように頼みました。

_____

□ (3) 私の母は私にスーパーマーケット (supermarket) に行ってくれるように頼みました。

_____

□ (4) 彼は私にドアを閉めるように頼みました。

_____

□ (5) 私は私の姉に，私のために昼食を作ってくれるように頼むつもりです。

_____

｜ポイント｜ ask [tell] ... to ～ の形をとる動詞

ask や tell のほか，以下のような動詞も同じ形をとります。

advise 「忠告する」／ order 「命じる」／ allow 「許す」　など

He **advised** me **to go to bed** early. （彼は私に早く寝るように忠告しました）

使役動詞 make と let

3042

make と let はともに「使役動詞」と呼ばれ，〈make ＋ O（目的語）＋ V（動詞の原形）〉，〈let ＋ O（目的語）＋ V（動詞の原形）〉の形で使います。どちらも「（S は）O に V させる」という意味ですが，make のほうは「O に（無理に）V させる」という「強制」を表すのに対し，let のほうは「O に（自由に）V させてあげる」という「許可」の意味で用いるという違いがあります。なお，let の過去形は let のままで，形が変わりません。

His parents will make him study English.

(彼の両親は彼に，英語を勉強させるでしょう＝強制)

＝ My parents will let me study abroad.

(私の両親は私に，海外留学をさせる [許可する] でしょう＝許可)

Q1 次の英文の（　　）内の正しいほうを選び，◯で囲みなさい。　　(4点×5＝20点)

□ (1) 彼は私の意思に反して，私にそれをさせました。
　　He made me (do / to do) it against my will.

□ (2) 私は，今夜出かけることを私の両親が許してほしいと思います。
　　I hope my parents will let me (go / going) out tonight.

□ (3) 田中先生は，私たちに床を掃除させました。
　　Mr. Tanaka made us (to clean / clean) the floor.

□ (4) その教師のジョークは，生徒全員を笑わせました。
　　The teacher's joke made all the students (laugh / laughing).

□ (5) そこに到着したらすぐに，私に知らせてください。
　　Please let me (to know / know) as soon as you arrive there.

Q2 次の日本文に合うように，（　　　）内の語句を並べかえなさい。　(6点×5＝30点)

□ (1) 彼は昨夜，私を1人でそこに行かせてくれました。
He (me / there / let / go / alone) last night.

He _____ last night.

□ (2) 私の先生は私に教室で勉強させると思います。
I think my teacher (make / will / me / study) in the classroom.

I think my teacher _____ in the classroom.

□ (3) 私の祖父は，私たちが好きなものを何でも食べさせてくれました。
(grandfather / eat / let / my / us) anything we liked.

_____ anything we liked.

□ (4) 彼の先生は彼に机をきれいにさせました。
(the desk / his teacher / made / clean / him).

_____ .

□ (5) そのニュースは多くの人々を笑顔にさせました。
(the news / made / many / smile / people).

_____ .

Q3 （　　　）内の語を用いて，次の日本文を英語に直しなさい。　(10点×5＝50点)

□ (1) 私の父は，私を1人で寝かせました。(make)

_____

□ (2) 彼の両親は，彼が海外留学する（study abroad）ことを許可しました。(let)

_____

□ (3) 私たちの先生は，私たちに教室を掃除させるでしょう。(make)

_____

□ (4) 私にそれの支払いをさせてください。(let)　　　　pay for ～「～の支払いをする」

_____

□ (5) 彼は彼の友人たちを笑わせました。(make)

_____

91

1 次の日本文に合うように，（　　）に適する 1 語を入れなさい。　　(4点×6=24点)

☐ (1) 彼女は子どもたちに（無理に）そこへ行かせました。

She (　　　　　　　) the children (　　　　　　　) there.

☐ (2) いつその仕事を始めればよいか私に教えてください。

Please tell me (　　　　　　) (　　　　　　) begin the work.

☐ (3) テレビを見ることはおもしろいです。

It's fun (　　　　　　) (　　　　　　) TV.

☐ (4) あなたにとって，その問題を解決するのは難しかったですか。

Was it difficult (　　　　　　) you (　　　　　　) solve the problem?

☐ (5) 私は眠すぎて勉強できません。

I'm (　　　　　　) sleepy (　　　　　　) study.

☐ (6) 彼は親切にも私を手伝ってくれました。

He was kind (　　　　　　) (　　　　　　) help me.

2 次の文のそれぞれの誤りに下線を引き，正しい形を書きなさい。　　(5点×5=25点)

☐ (1) It is too difficult for you to studying English.　＿＿＿＿＿＿＿＿＿＿

☐ (2) My father asked to me to bring an umbrella to the station.

＿＿＿＿＿＿＿＿＿＿

☐ (3) I'm so tired to do my homework.　＿＿＿＿＿＿＿＿＿＿

☐ (4) She was enough kind to help elderly people.　＿＿＿＿＿＿＿＿＿＿

☐ (5) Our teacher made us to help him.　＿＿＿＿＿＿＿＿＿＿

3 各組の 2 文がほぼ同じ意味になるように，（　　）に適する 1 語を入れなさい。

(4点×5=20点)

☐ (1) My father was so busy that he couldn't help me with my homework.

My father was (　　　　　　) busy (　　　　　　) (　　　　　　) me
with my homework.

□ (2) Kathy was so cute that she was very popular among the boys.

Kathy was cute (　　　　　　) (　　　　　　　　) be very popular among the boys.

□ (3) The box was so heavy that I couldn't carry it.

The box was (　　　　　　　) heavy (　　　　　　) (　　　　　　　) to carry.

□ (4) To travel abroad is very interesting for me.

(　　　　　　　) is very interesting (　　　　　　) me (　　　　　) travel abroad.

□ (5) My father said to me, "Go to bed."

My father (　　　　　) me (　　　　　) go to bed.

4　(　　)内の語句を並べかえ，意味の通る英文にしなさい。　　(5点×4=20点)

□ (1) I (like / you / would / study / to / English) hard.

I _____ hard.

□ (2) (know / let / me / please) as soon as possible.

_____ as soon as possible.

□ (3) Do you really know (to / do / next / Sunday / what)?

Do you really know _____?

□ (4) (teacher / asked / the / us / to / our notebooks / bring).

_____.

5　次の日本文を英語に直しなさい。　　((1) 5 点　(2) 6 点)

□ (1) 私の先生は私にこのコンピューターを使わせてくれました。

_____

□ (2) 私はあなたにもう１度その手紙を読んでほしいです。

_____

間接疑問文 what

3044

疑問詞を使った疑問文がほかの文の一部になり，文中に疑問詞が登場することがあります。その場合，疑問詞の後ろには〈S + V〉の肯定文の語順が続きます。このような〈**疑問詞 + S + V**〉のカタマリの入った文を**間接疑問文**と呼びます。このセクションでは what を使った間接疑問文を学習します。

What　is　that?（あれは何ですか）

→ **Do you know　what that is?**　（あなたはあれが何だか知っていますか）
　　　　　　　　疑問詞 ＋ S ＋ V

また，what を使った間接疑問文には，what V という形もあります。

I forgot what was here.　　　（ここに何があったか忘れました）

 1 次の英文の（　　）内の正しいほうを選び，◯で囲みなさい。　　（5点×5 ＝ 25点）

☐ ⑴ 私は彼が何を言っているのか理解することができません。
　　 I can't understand (what he says / what says he).

☐ ⑵ 私は彼が何と言ったのか理解することができません。
　　 I can't understand (what did he say / what he said).

☐ ⑶ あなたは何を買ったのか私に教えてください。
　　 Please tell me (what you bought / what did you buy).

☐ ⑷ あなたは何を買うつもりなのか私に教えてください。
　　 Please tell me (what you will buy / what will you buy).

☐ ⑸ あなたは何を買わなくてはならないのか私に教えてください。
　　 Please tell me (what you have to buy / what do you have to buy).

Q2 次の日本文に合うように，（　　）内の語を並べかえなさい。　（7点×5＝35点）

☐ (1) 私がここで何を学んだのかあなたに話しましょう。
I will tell you (learned / what / I / here).

I will tell you _____.

☐ (2) 私は，会議で彼が何と言ったのかあなたに話しましょう。
I will tell you (he / said / what) at the meeting.

I will tell you _____ at the meeting.

☐ (3) 私たちには将来何が起こるかはわかりません。
We can't tell (what / happen / will) in the future.

We can't tell _____ in the future.

☐ (4) 彼女が明日何をやらなければならないのか私に教えてください。
Please (has / to / me / tell / what / do / she) tomorrow.

Please _____ tomorrow.

☐ (5) ここに何があったか教えてください。
Please tell me (was / here / what).

Please tell me _____.

Q3 次の日本文を英語に直しなさい。　（8点×5＝40点）

☐ (1) ここで何が起こったのか教えてください。

_____

☐ (2) 彼女は彼の部屋に何があるか知っています。

_____

☐ (3) 私はこのテーブルの上に何があったのか知っています。

_____

☐ (4) 私は彼女が何をしたのか知りません。

_____

☐ (5) あなたは次に彼が何を言うか知っていますか。

_____

3045

間接疑問文 when

ここではwhenを使った間接疑問文の練習をします。〈when＋S＋V〉で「いつSがVするか」という意味になります。カタマリの語順や時制に注意して問題を解いていきましょう。

Do you know when Ken left? （あなたはケンがいつ出発したか知っていますか）
疑問詞 ＋ S ＋ V

Q1 次の英文の（　　）内の正しいほうを選び，◯で囲みなさい。 （5点×5＝25点）

☐ (1) 私は彼がいつ買いものに行ったのか知っています。
I know (when he went / when did he go) shopping.

☐ (2) 私たちはいつ新しい先生がクラスに来るのか知りません。
We don't know (when a new teacher will / when will a new teacher) come to our class.

☐ (3) 私はいつ彼女がテストに合格できたのか知っています。
I know (when she was / when was she) able to pass the test.

☐ (4) 私は彼に，ケイトがいつ私と会うつもりかたずねるつもりです。
I will ask him (when will Kate / when Kate will) meet me.

☐ (5) あなたはマイクがいつ来るのか知っていますか。
Do you know (when Mike will come / when will Mike come)?

Q2 次の日本文に合うように，（　　）内の語句を並べかえなさい。　　(7点×5＝35点)

☐ (1) 私がいつその事実を知ったのか話しましょう。
I will tell you (the / when / knew / I / fact).

I will tell you ＿＿＿＿＿＿＿＿＿＿＿＿＿＿＿＿＿＿＿＿＿＿.

☐ (2) 彼らはいつ会議が始まったのか知りません。
They don't know (the / when / meeting / started).

They don't know ＿＿＿＿＿＿＿＿＿＿＿＿＿＿＿＿＿＿＿.

☐ (3) 彼がいつ宿題を終えたのか教えてください。
Please tell me (he / when / his / finished / homework).

Please tell me ＿＿＿＿＿＿＿＿＿＿＿＿＿＿＿＿＿＿＿.

☐ (4) 私たちは，彼がいつ宿題をするつもりなのか知りたいです。
We want to know (his / when / he / do / will / homework).

We want to know ＿＿＿＿＿＿＿＿＿＿＿＿＿＿＿＿＿＿.

☐ (5) トムはいつメアリーが日本に来るのか知っています。
Tom knows (when / will come / Japan / to / Mary).

Tom knows ＿＿＿＿＿＿＿＿＿＿＿＿＿＿＿＿＿＿＿＿＿.

Q3 次の日本文を英語に直しなさい。　　(8点×5＝40点)

☐ (1) 私は彼がいつ車を買うつもりなのか知りません。

＿＿＿＿＿＿＿＿＿＿＿＿＿＿＿＿＿＿＿＿＿＿＿＿＿＿＿＿

☐ (2) 私は彼がいつ来るかをあなたに教えましょう。

＿＿＿＿＿＿＿＿＿＿＿＿＿＿＿＿＿＿＿＿＿＿＿＿＿＿＿＿

☐ (3) 彼がいつそこに行ったのか，私に話してください。

＿＿＿＿＿＿＿＿＿＿＿＿＿＿＿＿＿＿＿＿＿＿＿＿＿＿＿＿

☐ (4) あなたはいつその授業（class）が始まるのか知りたいのですか。

＿＿＿＿＿＿＿＿＿＿＿＿＿＿＿＿＿＿＿＿＿＿＿＿＿＿＿＿

☐ (5) 彼女はいつ彼が駅に到着し（arrive at）たのか知っていますか。

＿＿＿＿＿＿＿＿＿＿＿＿＿＿＿＿＿＿＿＿＿＿＿＿＿＿＿＿

学習日 ◯ 月 ◯ 日　⏱制限時間 **30** 分　答え→別冊 p.16　_____ / 100点

3046

間接疑問文 where

ここでは where を使った間接疑問文の練習をします。what や when と同じように,〈where + S + V〉の語順で,「どこで[に] S が V するか」という意味になります。〈疑問詞 + S + V〉のカタマリの語順や時制に注意して問題を解いていきましょう。

I don't know where she bought that hat.
　　　　　　　　　疑問詞 ＋ S ＋ V

（私は彼女がどこでその帽子を買ったのか知りません）

Q1 次の英文の（　　）内の正しいほうを選び, ◯で囲みなさい。　　（5点×5 = 25点）

□ (1) 私はあなたにどこへ行かなければならないか教えましょう。
I will tell you (where you must go / where must you go).

□ (2) 私は彼らがどこで英語を勉強したのか知りたいです。
I want to know (where they studied / where did they study) English.

□ (3) あなたは彼がどこでこの本を買ったのか知りたいですか。
Would you like to know (where he bought / where did he buy) this book?

□ (4) あなたは彼に, メアリーとどこへ行ったのかたずねるつもりですか。
Will you ask him (where he went / where did he go) with Mary?

□ (5) 彼がどこで英語を勉強するつもりか, 私に教えてくれませんか。
Could you tell me (where he is going to study / where is he going to study) English?

次の日本文に合うように，（　　）内の語を並べかえなさい。　(7点×5＝35点)

☐ (1) 彼は彼女がどこに行ったのか知りません。
He doesn't know (where / went / she).

He doesn't know _____.

☐ (2) 私はどこに行くべきかわかりません。
I don't know (should / where / I / go).

I don't know _____.

☐ (3) 私は彼女がどこで英語を身に付けたのか知りたいです。
I want to know (English / learned / where / she).

I want to know _____.

☐ (4) あなたはマイクがどこに行ったのか知っていますか。
Do you know (Mike / went / where)?

Do you know _____?

☐ (5) 彼女がどこで働いているのかあなたに教えましょう。
I will tell you (she / where / works).

I will tell you _____.

Q3 間接疑問文を用いて，次の日本文を英語に直しなさい。　(8点×5＝40点)

☐ (1) 私は彼がどこに行ったのか知っています。

_____

☐ (2) 私たちはどこに行くべきかを話し合い（talk about）ましょう。

_____

☐ (3) ボブがどこで働いているのか教えてください。

_____

☐ (4) 私は今年の夏, 私たちがどこで休暇を過ごす（spend our vacation）のかわかりません。

_____

☐ (5) 彼女がどこで宿題をしているのか教えてください。

_____

間接疑問文 why

3047

ここでは why を使った間接疑問文の練習をします。〈**why** + **S** + **V**〉で「なぜ S が V するか」という意味になります。ほかの疑問詞と同じように〈疑問詞 + S + V〉のカタマリに注意して問題を解いていきましょう。

Do you know why he is **angry?**
　　　　　　　疑問詞 + S + V　　　（あなたはなぜ彼が怒っているのか知っていますか）

 次の英文の（　　）内の正しいほうを選び，◯で囲みなさい。　　（5点×5 = 25点）

☐ (1) 私は彼がなぜそう言ったのか知っています。
　　I know (why he said / why did he say) so.

☐ (2) あなたはなぜ彼女が韓国に行ったのか知っていますか。
　　Do you know (why she went / why did she go) to Korea?

☐ (3) なぜ彼女は学校を休んでいるのか教えてください。
　　Please tell me (why is she absent / why she is absent) from school.

☐ (4) 私は彼女になぜ泣いたのかたずねるつもりです。
　　I will ask her (why did she cry / why she cried).

☐ (5) 彼が泣いたのはなぜか考えてみましょう。
　　Let's think about (why he cried / why did he cry).

Q2 次の日本文に合うように，（　　）内の語を並べかえなさい。　(7点×5＝35点)

□ (1) 私は彼女がなぜそれをしたのか理解できません。
I can't understand (did / why / she / it).

I can't understand _____.

□ (2) あなたはなぜ彼女が日本に来たのか知っていますか。
Do you (why / came / she / Japan / to / know)?

Do you _____?

□ (3) なぜあなたは学校に遅刻したのか教えてください。
Please (were / why / you / tell / me / late) for school.

Please _____ for school.

□ (4) 私はなぜ私の母がそう言ったのかわかりません。
I (don't / why / mother / said / know / my) so.

I _____ so.

□ (5) あなたはリンゴがなぜここにあるのか知っていますか。
Do you know (there / is / why / apple / an) here?

Do you know _____ here?

Q3 次の日本文を英語に直しなさい。　(8点×5＝40点)

□ (1) 私はなぜあなたがここにいるのか知りたいです。

_____

□ (2) あなたは彼がなぜ宿題をしなかったのか知りたいですか。

_____

□ (3) あなたがなぜ遅刻したのか私に話しなさい。

_____

□ (4) 私は彼女がなぜそこにいたのかを彼女にたずねるつもりです。

_____

□ (5) 彼女がなぜそれをしたのかについて考えてください。

_____

間接疑問文 how

ここでは how を使った間接疑問文の練習をします。語順は how に関しても〈how + S + V〉になり，意味は「どのようにして S が V するか」となります。

Tell me how you pronounce this word.
疑問詞 ＋ S ＋ V　（この単語をどのように発音するか私に教えてください）

Q1 次の英文の(　　)内の正しいほうを選び，◯で囲みなさい。　(5点×5 = 25点)

☐ (1) 私はあなたがどのようにしてここに来たのか知りたいです。
I want to know (how you came / how did you come) here.

☐ (2) 私はどのようにそれを料理するのかあなたに見せましょう。
I will show you (how I cook / how do I cook) it.

☐ (3) 私はそれがどのように動くのか彼らに見せました。
I showed them (how did it work / how it worked).

☐ (4) 私たちは生徒にどのように英語を勉強すべきか教えました。
We taught the students (how should they study / how they should study) English.

☐ (5) 私たちがどのようにして成功できるかについて話し合いましょう。
Let's talk about (how we can succeed / how can we succeed).

Q2 次の日本文に合うように，（　　　）内の語を並べかえなさい。　(7点×5＝35点)

☐ (1) 彼は私たちにどのように絵を描くのか見せるつもりです。
He will show us (he / how / paints) a picture.

He will show us _____ a picture.

☐ (2) 私たちは彼にどのようにこれを使うのか教えました。
We taught him (how / used / we / it).

We taught him _____.

☐ (3) 彼がどのようにしてここに来たのか私に教えてください。
Please tell me (here / how / came / he).

Please tell me _____.

☐ (4) これが私が英語を身に付けた方法です。
This is (learned / I / how / English).

This is _____.

☐ (5) あなたがどのようにそれを料理したのか，私たちに教えてください。
Please teach us (cooked / how / it / you).

Please teach us _____.

Q3 次の日本文を英語に直しなさい。　(8点×5＝40点)

☐ (1) あなたは彼がどのように働いているか知っていますか。

_____

☐ (2) 私の先生は私がどのように英語の勉強をすべきか教えてくれました。

_____

☐ (3) あなたはどのように彼女がそれを料理するのか知っていますか。

_____

☐ (4) 彼がどのようにして英語を身に付けたのか知りたいです。

_____

☐ (5) 彼は私たちに，どのようにすればフランス語を話すことができるかを教えるでしょう。

_____

間接疑問文
how ＋ 形容詞［副詞］

3049

how に形容詞や副詞を続けると, 年齢（ねんれい）や身長, 時間の長さなどを表すことができます。〈how ＋形容詞［副詞］＋ S ＋ V〉で「どれほど（形容詞［副詞］）に S が V するのか」という意味になります。ほかの間接疑問文と同じように, 〈how ＋形容詞［副詞］〉のあとは肯定文の語順になります。

Do you know how old your grandfather is?

　　　　　　　how ＋ 形容詞　　　＋　S　＋　V

（あなたはおじいさんが何歳（なんさい）か知っていますか）

ここでは how old「何歳」と how long「どれくらいの期間」を用いた練習をしましょう。

Q1 次の英文の（　　）内の正しいほうを選び, ◯で囲みなさい。　　（5点×5 ＝ 25点）

□（1）私は彼が何歳なのか知っています。
　　I know (how old he is / how he old is).

□（2）私はあなたに彼が来年何歳になるか教えましょう。
　　I will tell you (how old he will be / how he will be old) next year.

□（3）私は彼がどれくらいの期間ここに滞在（たいざい）しているのか知っています。
　　I know (how long has he stayed / how long he has stayed) here.

□（4）あなたはどれくらいの期間日本にいる予定なのか私に教えてください。
　　Please tell me (how long you will stay / how long will you stay) in
　　Japan.

□（5）私はどれくらいの期間彼女がロンドンに住んでいるのか知りたいです。
　　I want to know (how long has she lived / how long she has lived) in
　　London.

Q2 次の日本文に合うように，（　　）内の語を並べかえなさい。

☐ (1) 私に彼が何歳なのか教えてください。
Please tell me (he / is / old / how).

Please tell me _____.

☐ (2) 彼女は来月何歳になるのか私に教えてください。
Please tell me (be / will / how / she / old) next month.

Please tell me _____ next month.

☐ (3) あなたはどれくらいの期間ここにいるのか私に教えてください。
Please tell me (long / been / have / you / how) here.

Please tell me _____ here.

☐ (4) 私たちは彼女がどれくらいの期間大阪に住んでいるのか知っています。
We know (how / lived / she / has / long) in Osaka.

We know _____ in Osaka.

☐ (5) 私は彼にどれくらいの期間ここにいるのかたずねました。
I asked him (long / how / he / here / was).

I asked him _____.

Q3 次の日本文を英語に直しなさい。

☐ (1) あなたは彼女が何歳か知っていますか。

_____

☐ (2) あなたがどれくらいの期間日本に住んでいるか，私に教えてください。

_____

☐ (3) 私はあなたのお兄さんが何歳なのか知りません。

_____

☐ (4) あなたは彼女がどれくらいの期間英語を学んだか知っていますか。

_____

☐ (5) 私は彼がどのくらいの期間京都に滞在しているのか知りたいです。

_____

感嘆文 how と what

3050

「何て〜なのでしょう」と喜びや驚きなどの感情を表す文を感嘆文といいます。英語では，感嘆文は how や what を使って表し，それぞれ，〈**How＋形容詞[副詞]＋S＋V！**〉，〈**What (a[an])＋形容詞＋名詞＋S＋V！**〉という形になります。最後に**！**（エクスクラメーションマーク）をつけることも忘れないようにしましょう。

How　big　this cake　is! （このケーキは何て大きいのでしょう）
How ＋ 形容詞 ＋ S ＋ V！

＝What a　big　cake　this　is! （これは何て大きなケーキなのでしょう）
What　a＋形容詞＋名詞＋S＋V！

Q1 (1)〜(3)は **how**，(4)，(5)は **what** を用いて，感嘆文にしなさい。(5点×5＝25点)

☐ (1) The flower is very beautiful.

_____

☐ (2) It was very hot.

_____

☐ (3) He can run very fast.

_____

☐ (4) She is a very kind woman.

_____

☐ (5) They were very good singers.

_____

Q2 次の日本文に合うように，（　　）内の語を並べかえなさい。 (7点×5＝35点)

□ (1) 彼は何ておかしいのでしょう。
（ how / he / funny / is ）! 　　　　　　　　　　　　　　　　　 funny「おかしい」

_____ !

□ (2) これは何て難しい問題なのでしょう。
（ what / a / this / difficult / is / question ）!

_____ !

□ (3) 彼女は何て正直な女の子なのでしょう。
（ girl / what / honest / an / she / is ）!

_____ !

□ (4) 彼らは何て上手に英語を話すことができるのでしょう。
（ can / they / English / how / well / speak ）!

_____ !

□ (5) 今日は何て寒い日だったのでしょう。
（ what / it / day / was / cold / a ）!

_____ !

Q3 次の日本文を指示に従って，英語に直しなさい。 (8点×5＝40点)

□ (1) この試合は何てわくわくする（exciting）のでしょう。（How で始めて）

_____

□ (2) 彼は何て正直な男の子なのでしょう。（What で始めて）

_____

□ (3) これらは何て役に立つ辞書なのでしょう。（What で始めて）

_____

□ (4) 彼女は何て速く泳ぐことができるのでしょう。（How で始めて）

_____

□ (5) 彼女は何て速く泳ぐ水泳選手（swimmer）なのでしょう。（What で始めて）

_____

3051

付加疑問文

「〜ですね」と相手に確認をしたり，同意を求めたりする表現を**付加疑問文**といいます。付加疑問文の作り方は下の例文にあるように，肯定文の場合は文末に〈, be 動詞［助動詞］の否定の短縮形＋S（代名詞）〉を続けます。また，否定文の場合は〈, be 動詞［助動詞］＋S（代名詞）〉を続けます。カンマの前の文の時制や，S は必ず代名詞にすることに注意しましょう。

> 肯定文　**Miki is your sister, isn't she?**　（ミキはあなたのお姉さん［妹］ですね）
> 　　　　　　　　　　　　　　　否定の疑問形
>
> 否定文　**He isn't Tom, is he?**　（彼はトムではないですね）
> 　　　　　　　　　　肯定の疑問形

Q1 次の英文の（　　　）内の正しいものを選び，◯で囲みなさい。　　（5点×5＝25点）

☐ (1) これらの映画はとても人気があったのですね。
These movies were very popular, (weren't they / wasn't it)?

☐ (2) 彼はとても速く走ることができるのですね。
He can run very fast, (can't / can) he?

☐ (3) その生徒たちはコンピューターを毎日は使いませんね。
The students don't use computers every day, (don't they / do they)?

☐ (4) あなたの弟はピクニックに行くつもりなのですね。
Your brother will go on a picnic, (will you / won't he / will he)?

☐ (5) 彼のお姉さんは英語を勉強しませんね。
His sister doesn't study English, (does she / doesn't she / does he)?

Q2 次の日本文に合うように，（　　　）に適当な1語を入れなさい。　　（7点×5＝35点）

☐ (1) トムは英語を毎晩勉強しますね。
Tom studies English every night, (　　　　　) (　　　　　)?

□ (2) あなたの弟はそれほど速く走ることができませんね。
Your brother can't run very fast, (   ) (   )?

□ (3) これらの本はそれほど人気はありませんでしたね。
These books weren't very popular, (   ) (   )?

□ (4) メアリーは昨晩，皿を洗いませんでしたね。
Mary didn't wash the dishes last night, (   ) (   )?

□ (5) トムとケイトは毎週日曜日，映画を見るのですね。
Tom and Kate watch a movie on Sundays, (   ) (   )?

Q3 付加疑問文を用いて，次の日本文を英語に直しなさい。　　　　（8点×5＝40点）

□ (1) 彼女はかわいい（pretty）女性ですね。

_____

□ (2) とても寒かったですね。

_____

□ (3) この本はとてもおもしろいですね。

_____

□ (4) 彼の妹は上手に泳ぐことができませんね。

_____

□ (5) あなたと私は駅で会いませんでしたね。

_____

｜ポイント｜ その他の付加疑問文

このセクションで学習した以外に，下のような付加疑問文もあります。

There is ～ 構文
There was a cat on the table, **wasn't there?** （テーブルの上にネコがいましたね）

Let's を用いた文
Let's go on a picnic, **shall we?** （ピクニックに行きましょうね）

命令文
Write your name here, **will[won't] you?** （ここに名前を書いてね）

接続詞 that

節と節を結びつける働きをする that を学びましょう。こうした働きをする that を接続詞といい，あとには〈S + V〉が続きます。〈that + S + V〉で「S が V すること」という意味です。
接続詞の that が導く節を**名詞節**と呼び，文中で**主語(S)・補語(C)・目的語(O)の働き**をします。

名詞節

I know that he can speak English well.
S + V　　　　　S + V　　（私は彼が英語を上手に話すことができることを知っています）

Q1 次の英文の（　　）内の正しいほうを選び，◯で囲みなさい。　　（5点×5 = 25点）

☐ (1) 私は彼女は正直だと思います。
　　I think (that is she / that she is) honest.

☐ (2) 私は彼が親切だと思いません。
　　I don't think (that he is / that is he) kind.

☐ (3) 私は彼らがここに来ると信じています。
　　I believe (that they will / that will they) come here.

☐ (4) 私は彼がテストに合格したことを信じられません。
　　I can't believe (that did he pass / that he passed) the test.

☐ (5) あなたは，彼があなたに真実を言ったことを知っていますか。
　　Do you know (that he told / that did he tell) you the truth?

Q2 次の日本文に合うように，（　　）内の語を並べかえなさい。　　（7点×5 = 35点）

☐ (1) 私は彼がアメリカ人であることを知っています。
　　I know (he / American / that / is / an).

　　I know ＿＿＿＿＿＿＿＿＿＿＿＿＿＿＿＿＿＿＿＿＿＿＿＿＿＿＿.

☐ (2) 私たちは彼がうそをついたことを知っています。
　　We know (he / lie / told / a / that).

　　We know ＿＿＿＿＿＿＿＿＿＿＿＿＿＿＿＿＿＿＿＿＿＿＿＿＿.

□ (3) あなたは彼がここに来ることを知っていますか。

Do you know (will / he / that / here / come)?

Do you know _____?

□ (4) 私たちは彼が正直であるとは思っていません。

We don't think (is / he / that / honest).

We don't think _____.

□ (5) 彼らは奇跡は起きると信じています。

They believe (will / miracles / that / happen).

They believe _____.

Q3 接続詞 that を用いて，次の日本文を英語に直しなさい。 (8点×5＝40点)

□ (1) 彼はアメリカ（America）出身だと私は思います。

_____

□ (2) 私はあなたが真実を話していると信じています。

_____

□ (3) あなたは彼が教師であることを知っていますか。

_____

□ (4) 私はあなたがネコが好きなことを知っています。

_____

□ (5) 彼は自分がテストに合格すると考えています。

_____

ポイント 接続詞 that の省略

I know that he is kind. の that を省き，I know he is kind. としても意味は同じです。このように〈that + S + V〉のカタマリが動詞（ここでは know）の目的語になっている場合は省略できますが，次のように that ～のカタマリが 補語(C)や主語(S)になる場合は省略できません。

The problem is **that** I have no money. （問題は私にお金が全然ないことです）
‾‾‾‾‾‾‾‾‾‾ ‾‾ ‾‾‾‾‾‾‾‾‾‾‾‾‾‾‾‾‾‾‾‾
　　S　　V　　　　C

That he is kind is not true. （彼が親切であるというのは，本当ではありません）
‾‾‾‾‾‾‾‾‾‾‾‾‾‾ ‾‾ ‾‾‾‾‾‾‾‾
　　　S　　　　V　　C

3053

接続詞 when

when には疑問文のときに使う疑問詞のほかに，接続詞としての働きもあります。〈when + S + V〉で「S が V するとき」という意味になり，「時」を表します。この〈when + S + V〉のカタマリは**副詞節**と呼ばれ，主節と呼ばれる部分の後ろに置いたり前に置いたりできます。

副詞節

I was watching TV **when** she came home.

主節（S + V）　　　　　　　　　　　　　S + V

（彼女が帰ってきたとき，私はテレビを見ていました）

= **When** she came home, I was watching TV.

この場合はカンマが必要

なお，when などで始まる副詞節では，未来のことでも現在形を用いて表します（→ p.115）。

Give him this book when he comes. （彼が来たらこの本を渡しなさい）

✕ will come

Q 1 次の英文の（　　）内の正しいほうを選び，◯で囲みなさい。　　(5点×5 = 25点)

☐ (1) 彼がここに来るとき，私は彼に会うつもりです。
　　（ When does he come / When he comes ）here, I will meet him.

☐ (2) 家に帰ったら，私はシャワーを浴びるつもりです。
　　（ When I get home / When I will get home ）, I will take a shower.

☐ (3) 彼は若かったとき，ローマに住んでいました。
　　（ When he was / When was he ）young, he lived in Rome.

☐ (4) 彼女が来たとき，彼は本を読んでいました。
　　He was reading a book (when she came / when did she come).

☐ (5) あなたがここに来るとき，私に電話をしてください。
　　Please call me (when do you come / when you come) here.

Q2 次の日本文に合うように，（　　）内の語を並べかえなさい。　　(7点×5＝35点)

□ (1) 彼女は暇なとき，たいてい読書をします。
（ is / she / when / free ）, she usually reads books.

_____, she usually reads books.

□ (2) 昨日私がここに来たとき，彼が私に電話をしてきました。
（ when / here / I / came ）yesterday, he called me.

_____ yesterday, he called me.

□ (3) 彼女は子どもだったとき，アメリカに住んでいました。
（ a / when / was / she / child ）, she lived in America.

_____, she lived in America.

□ (4) 彼が部屋に入ってきたとき，彼女は英語を勉強していました。
She was studying English (the / when / entered / he / room).

She was studying English _____.

□ (5) あなたが駅に到着したとき，私に電話をしてください。
Please call me (when / at / you / arrive) the station.

Please call me _____ the station.

Q3 次の日本文を英語に直しなさい。　　(8点×5＝40点)

□ (1) 彼女が部屋に入ってきたとき，私たちはゲームをしていました。

_____

□ (2) 私が子どもたちを見かけたとき，彼らはサッカーをしていました。

_____

□ (3) 私がここに来たら，あなたに電話します。

_____

□ (4) 私は子どもだったとき，大阪に住んでいました。

_____

□ (5) そのニュースを聞いたとき，私たちは悲し (sad) かったです。

_____

接続詞 if

3054

> このセクションでは接続詞 if を学習しましょう。〈if + S + V〉で「もし S が V するなら」
> という意味になり，「条件」を表します。また when と同じように，この〈if + S + V〉の
> カタマリは，主節の前に置いたり後ろに置いたりすることができます。
>
> ┌──── 副詞節 ────┐
> **If you are busy, I will help you.** （もしあなたが忙しければ，私が手伝いましょう）
> 　　S ＋ V　　　　S ＋ V　主節
>
> if で始まる副詞節でも，未来のことは現在形で表します。

Q 1 次の英文の（　　）内の正しいほうを選び，◯で囲みなさい。　　(5点×5 = 25点)

☐ (1) 明日雨なら，私は外出するつもりはありません。
　　(If it is rainy / If it will be rainy) tomorrow, I will not go out.

☐ (2) 来週晴れるなら，私は彼とピクニックに行くつもりです。
　　(If is it sunny / If it is sunny) next week, I will go on a picnic with him.

☐ (3) あなたが忙しくなかったら，私に電話してください。
　　Please call me (if you are not / if you not are) busy.

☐ (4) よろしければ，私の車を使っていいですよ。
　　You can use my car (if like you / if you like).

☐ (5) あなたが暇なら，パーティーに来ることができますか。
　　Can you come to the party (if are you / if you are) free?

Q 2 次の日本文に合うように，（　　）内の語を並べかえなさい。　　(7点×5 = 35点)

☐ (1) 明日晴れたら，私は彼とドライブへ行きます。
　　(is / fine / it / if) tomorrow, I will go for a drive with him.

　　＿＿＿＿＿＿＿＿＿＿＿＿＿＿＿＿＿ tomorrow, I will go for a drive with him.

☐ (2) 忙しければ，あなたは来る必要はありません。
　　(you / are / if / busy), you don't need to come.

　　＿＿＿＿＿＿＿＿＿＿＿＿＿＿＿＿＿＿＿, you don't need to come.

□ (3) 何か問題があれば，電話をしてください。
Please call me (a / have / problem / you / if).

Please call me _____.

□ (4) 私が忙しかったら，あなたは助けてくれますか。
Could you help me (am / I / busy / if)?

Could you help me _____?

□ (5) あなたが参加することができれば，私たちはとてもうれしいです。
We are very happy (can / us / join / you / if).

We are very happy _____.

Q3 次の日本文を英語に直しなさい。　　　　　　　　　　（8点×5＝40点）

□ (1) 今週末晴れ（sunny）たら，魚釣りに行き（go fishing）ましょう。

_____

□ (2) もしお腹がすいているなら，このケーキを食べてもいいですよ。

_____

□ (3) もし雨ならば，私はバスに乗ります。

_____

□ (4) もし質問（questions）があれば，私にたずねてください。

_____

□ (5) もし疲れ（つか）ているなら，あなたは帰ってもいいですよ。

_____

ポイント 内容が未来のことでも現在形を用いる

・・

〈if＋S＋V〉「もし〜するなら」や〈when＋S＋V〉「〜するとき」では，話の内容が未来のことを表す場合であったとしても，will は使わず，動詞は現在形にします。

If it **rains** tomorrow, I will stay at home.　（もし明日雨が降ったら，私は家にいます）
✗ will rain は間違い（まちが）

学習日 ◯ 月 ◯ 日　⏱ 制限時間 **30** 分　答え→別冊 p.19　____ / 100点

接続詞 after

3055

このセクションでは接続詞 after を学習しましょう。〈after + S + V〉で「S が V したあとに，S が V したら」という意味になります。また when や if と同じように，この〈after + S + V〉のカタマリは，主節の前に置いたり後ろに置いたりすることができます。

副詞節

<u>I will call Ryo</u> after <u>I eat my dinner.</u>
　　主節　　　　　　　　 S + V　　（夕食を食べたあと，私はリョウに電話をするつもりです）

after 〜 も次のセクションの before 〜 も「時」を表す副詞節なので，未来のことも現在形で表します。

Q1 次の英文の(　　)内の正しいほうを選び，◯で囲みなさい。　　（5点×5 = 25点）

☐ (1) 昼食を食べたあと，あなたはテレビを見ることができます。
(After you have / After have you) lunch, you can watch TV.

☐ (2) 彼女が戻ってきたら，彼女は彼に電話するでしょう。
(After she comes / After does she come) back, she will call him.

☐ (3) 家に帰ってきたら，彼は英語を勉強するでしょう。
He will study English (after he gets / after gets he) home.

☐ (4) 彼が駅に到着したあと，雨が降り始めました。
It began to rain (after arrived he / after he arrived) at the station.

☐ (5) 私は 11 時を過ぎたあと，宿題を終えることができました。
I was able to finish my homework (after was it / after it was) eleven.

Q2 次の日本文に合うように，（　　）内の語を並べかえなさい。 (7点×5＝35点)

□ (1) 夕食を食べたあと，私たちはそのゲームをすることができました。
(had / we / after / dinner), we were able to play the game.

_____, we were able to play the game.

□ (2) 彼女は戻ってきたあと，バイオリンを練習するでしょう。
(back / she / comes / after), she will practice the violin.

_____, she will practice the violin.

□ (3) 彼女は帰宅したあと，数学を勉強するでしょう。
She will study math (gets / after / she / home).

She will study math _____.

□ (4) 彼が学校に到着したあと，雨が降り始めました。
It began to rain (he / arrived / after / his / school / at).

It began to rain _____.

□ (5) ボブは 11 時を過ぎたあと，仕事を終えることができました。
Bob was able to finish his work (after / was / it / eleven).

Bob was able to finish his work _____.

Q3 次の日本文を英語に直しなさい。 (8点×5＝40点)

□ (1) 私はふろに入ったあと，本を読みました。

_____

□ (2) 彼は図書館で勉強したあと，トムの家に行きました。

_____

□ (3) 私が家に帰ったあと，雪が降り始めました。

_____

□ (4) 宿題を終えたら，私は DVD を見ることができます。

_____

□ (5) 彼女は皿を洗ったら，彼に電話するでしょう。

_____

3056

接続詞 before

このセクションでは接続詞 before を学習しましょう。〈before ＋ S ＋ V〉で「S が V する前に」という意味になります。〈after ＋ S ＋ V〉の反対の意味を持つカタマリと覚えておくとよいでしょう。この〈before ＋ S ＋ V〉のカタマリも，主節の前あるいは後ろに置くことができます。

$$\underbrace{\text{He did his homework}}_{\text{主節}} \; \text{before} \; \overbrace{\underbrace{\text{he had dinner.}}_{\text{S + V}}}^{\text{副詞節}}$$

（彼は夕食を食べる前に宿題をしました）

Q1 次の英文の（　　）内の正しいほうを選び，◯で囲みなさい。　　（5点×5 ＝ 25点）

□ (1) 昼食を食べる前に，あなたはテレビを見ることができます。
（ Before you have / Before have you ）lunch, you can watch TV.

□ (2) 彼女が戻ってくる前に，あなたはここにいなければなりません。
（ Before she comes / Before does she come ）back, you have to be here.

□ (3) 彼が家に帰ってくる前に，彼女は家にいるでしょう。
She will be at home (before he comes / before comes he) home.

□ (4) 雨が降り始める前に，私たちは駅に到着しなければなりません。
We have to arrive at the station (before starts it / before it starts)
raining.

□ (5) 私は 11 時になる前に宿題を終えることができました。
I was able to finish my homework (before was it / before it was)
eleven.

Q2 次の日本文に合うように，（　　）内の語を並べかえなさい。 (7点×5＝35点)

□ (1) 朝食を食べる前に，服を着替えなくてはなりません。
（ before / have / breakfast / you), you have to change your clothes.

＿＿＿＿＿＿＿＿＿＿＿＿＿＿＿＿＿＿＿＿, you have to change your clothes.

□ (2) 彼女が戻ってくる前に，あなたは仕事を終えなければなりません。
（ comes / before / back / she), you have to finish your job.

＿＿＿＿＿＿＿＿＿＿＿＿＿＿＿＿＿＿＿＿, you have to finish your job.

□ (3) 彼が帰ってくる前に，彼女は夕食を作るでしょう。
She will make dinner (he / home / before / comes).

She will make dinner ＿＿＿＿＿＿＿＿＿＿＿＿＿＿＿＿＿＿＿.

□ (4) 雨が降り始める前に，マイは家に帰りました。
Mai went home (before / started / it / raining).

Mai went home ＿＿＿＿＿＿＿＿＿＿＿＿＿＿＿＿＿＿＿.

□ (5) あなたは 10 時になる前に，その本を読み終えることができますか。
Can you finish reading the book (it / before / is / ten)?

Can you finish reading the book ＿＿＿＿＿＿＿＿＿＿＿＿＿＿＿＿＿?

Q3 次の日本文を英語に直しなさい。 (8点×5＝40点)

□ (1) あなたは家に入る（go into）前に靴を脱が（take off）なくてはなりません。

＿＿＿＿＿＿＿＿＿＿＿＿＿＿＿＿＿＿＿＿＿＿＿＿＿＿＿＿＿＿

□ (2) あなたは彼が戻ってくる前にこの仕事を終えることができますか。

＿＿＿＿＿＿＿＿＿＿＿＿＿＿＿＿＿＿＿＿＿＿＿＿＿＿＿＿＿＿

□ (3) 彼女は雪が降り始める前に駅に到着しました。

＿＿＿＿＿＿＿＿＿＿＿＿＿＿＿＿＿＿＿＿＿＿＿＿＿＿＿＿＿＿

□ (4) 私たちが出かける前に窓を閉めてください。

＿＿＿＿＿＿＿＿＿＿＿＿＿＿＿＿＿＿＿＿＿＿＿＿＿＿＿＿＿＿

□ (5) 彼は仕事に行く（go to work）前にいつも新聞を読みます。

＿＿＿＿＿＿＿＿＿＿＿＿＿＿＿＿＿＿＿＿＿＿＿＿＿＿＿＿＿＿

3057

接続詞 because

接続詞 because を使った〈because + S + V〉は「S が V するので」という意味で,「**理由**」を表します。〈because + S + V〉のカタマリも,〈when + S + V〉や〈if + S + V〉などと同じように,主節の前や後ろに置くことができますが,ふつう後ろに置きます。

<u>I ate all the cake</u>｜because｜I was very hungry.

主節　　　　　　　　　　　　　S + V

（私はとてもお腹がすいていたので,ケーキを全部食べました）

Q1 次の英文の(　　)内の正しいほうを選び,◯で囲みなさい。　（5点×5 = 25点）

□ (1) 彼は幼かったので,夜に外出することはできませんでした。
He couldn't go outside at night (because he was / because was he) little.

□ (2) 彼女は一生懸命勉強したので,テストに合格しました。
She passed the test (because did she study / because she studied) hard.

□ (3) 今日は天気がよいので,とても気持ちがよいです。
I feel very good (because is it / because it is) fine today.

□ (4) 彼女が「さようなら」と言ったので,彼はとても悲しくなりました。
He got very sad (because she said / because said she) goodbye.

□ (5) 私は彼に会うことができるので,とてもうれしいです。
I am very happy (because I can / because can I) meet him.

Q2 次の日本文に合うように，（　　）内の語を並べかえなさい。 (7点×5 = 35点)

☐ (1) 彼は若かったので，お酒を飲むことができませんでした。
He couldn't drink alcohol (young / because / was / he).

He couldn't drink alcohol ＿＿＿＿＿＿＿＿＿＿＿＿＿＿＿＿＿＿＿.

☐ (2) 彼女は一生懸命練習したので，試合に勝ちました。
She won the game (she / hard / because / practiced).

She won the game ＿＿＿＿＿＿＿＿＿＿＿＿＿＿＿＿＿＿＿＿.

☐ (3) 今日は雨なので，どこにも行けません。
I can't go anywhere (is / rainy / it / because) today.

I can't go anywhere ＿＿＿＿＿＿＿＿＿＿＿＿＿＿＿＿＿ today.

☐ (4) 彼女が「愛している」と言ったので，彼はとてもうれしくなりました。
He got very happy (she / because / said) "I love you."

He got very happy ＿＿＿＿＿＿＿＿＿＿＿＿＿＿＿＿ "I love you."

☐ (5) 私は旧友に会うことができるので，とてもうれしいです。
I am very happy (old / friend / I / because / can / meet / my).

I am very happy ＿＿＿＿＿＿＿＿＿＿＿＿＿＿＿＿＿＿＿＿.

Q3 次の日本文を英語に直しなさい。 (8点×5 = 40点)

☐ (1) 私は病気（sick）だったので，医者に診てもらい（go to see a doctor）ました。

＿＿＿＿＿＿＿＿＿＿＿＿＿＿＿＿＿＿＿＿＿＿＿＿＿＿＿＿＿

☐ (2) 私は疲れていたので，早く寝ました。

＿＿＿＿＿＿＿＿＿＿＿＿＿＿＿＿＿＿＿＿＿＿＿＿＿＿＿＿＿

☐ (3) 彼女はかさを持ってくる（bring）のを忘れたので，ぬれて（wet）しまいました。

＿＿＿＿＿＿＿＿＿＿＿＿＿＿＿＿＿＿＿＿＿＿＿＿＿＿＿＿＿

☐ (4) 彼は友人たちからプレゼントをもらったので，とてもうれしかったです。

＿＿＿＿＿＿＿＿＿＿＿＿＿＿＿＿＿＿＿＿＿＿＿＿＿＿＿＿＿

☐ (5) 彼女はのどがかわいて（thirsty）いたので，ジュースを飲みました。

＿＿＿＿＿＿＿＿＿＿＿＿＿＿＿＿＿＿＿＿＿＿＿＿＿＿＿＿＿

時を表す前置詞

英語にも「〜に」「〜から」「〜の」のように日本語の助詞に似た働きをする語があります。それらは**前置詞**といい，名詞や代名詞などの前に置きます。ここでは，「**時**」を表す語句とともに使われる前置詞を練習してみましょう。

at（〜に）… 時刻や時の一点などを表す
　　Let's meet in front of the station **at** four o'clock.（4時に駅前で会いましょう）
on（〜に）… 日や曜日，特定の日の午前や午後などを表す
　　We have a meeting **on** Mondays.（私たちは毎週月曜日にミーティングをします）
in（〜に）… 年，季節，月，週，朝，晩，午前，午後などを表す
　　He was born **in** 2016.（彼は 2016 年に生まれました）

ほかに，**for**（〜の間）や **to**（〜まで），**until**（〜まで），**since**（〜以来）なども「時」を表します。

Q1 次の文の（　　）に入る適当な前置詞を，右から選びなさい。　　（5点×5 = 25点）

☐ (1) I had to wait from five（　　　　）seven o'clock.

☐ (2) Tom got up（　　　　）seven yesterday.

☐ (3) We don't go to school（　　　　）Sundays.

☐ (4) We have a lot of snow（　　　　）February.

☐ (5) He has stayed here（　　　　）three weeks.

| at |
| to |
| in |
| for |
| on |

Q2 次の日本文に合うように，（　　）内の語句を並べかえなさい。ただし，1 語不要な語があります。　　（7点×5 = 35点）

☐ (1) 私たちは毎週土曜日には学校へ行きません。
　　We don't (Saturdays / go / school / to / on / in).

　　We don't ＿＿＿＿＿＿＿＿＿＿＿＿＿＿＿＿＿＿＿＿＿＿＿＿.

☐ (2) 授業は 8 時 15 分に始まります。
　　(class / the / at / starts / on) 8:15.

＿＿＿＿＿＿＿＿＿＿＿＿＿＿＿＿＿＿＿＿＿＿＿＿ 8:15.

□ (3) 彼らは 2019 年に日本にやってきました。

(came to / Japan / they / 2019 / in / on).

_____.

□ (4) 私たちは月曜日までニューヨークにいます。

(will be / New York / Monday / until / since / we / in).

_____.

□ (5) 彼女は 2021 年以来東京に住んでいます。

(lived / she / in / Tokyo / for / since / has) 2021.

_____ 2021.

Q3 次の日本文を英語に直しなさい。

(8点×5 = 40点)

□ (1) 私たちは月曜日から金曜日まで働きます。

_____

□ (2) 私の母は，ふつう朝 6 時に起きます。

_____

□ (3) 私たちは 2017 年から日本に住んでいます。

_____

□ (4) 私たちは 8 月に海に行くつもりです。

_____

□ (5) 私は京都に 1 週間滞在するつもりです。

_____

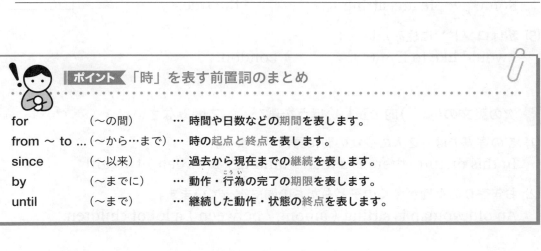

| ポイント | 「時」を表す前置詞のまとめ |

for （～の間） … 時間や日数などの期間を表します。

from ～ to ... （～から…まで） … 時の起点と終点を表します。

since （～以来） … 過去から現在までの継続を表します。

by （～までに） … 動作・行為の完了の期限を表します。

until （～まで） … 継続した動作・状態の終点を表します。

123

学習日 ◯ 月 ◯ 日　制限時間 **30** 分　答え→別冊 p.20　＿＿＿ / 100点

場所を表す前置詞

3059

ここでは,「場所」を表す語句とともに使われる前置詞を学習しましょう。

at（～に, ～で）… 比較的狭い場所を表す

　　I saw John at the bookstore.（私は書店でジョンに会いました）

in（～に, ～で）… 比較的広い場所を表す

　　There is a cat in the yard.（庭に1匹のネコがいます）

on（～の上に, ～に接して）… 上面だけでなく, 下や側面との接触を表す

　　My bag is on the bed.（私のかばんはベッドの上にあります）

　　There is a spider on the wall.（壁にクモがいます）

ほかに, **under**（～の下に）, **between / among**（～の間に）, **beside**（～のそばに）など。

Q1 次の文の（　　　）に入る適当な前置詞を, 右から選びなさい。　　　（5点×5＝25点）

□ (1) 私たちはついにその駅に到着しました。
　　We finally arrived（　　　　　　）the station.

□ (2) かわいい女の子が, 2人の背の高い少年の間に立っています。
　　A cute girl is standing（　　　　　　）the two tall boys.

□ (3) テーブルの上にオレンジが1つあります。
　　There is an orange（　　　　　　）the table.

□ (4) 何人かの人が木の下に座っています。
　　Some people are sitting（　　　　　　）the tree.

□ (5) 私はロンドンに住みたいです。
　　I would like to live（　　　　　　）London.

| at |
| on |
| under |
| in |
| between |

Q2 次の英文の（　　　）内の正しいほうを選び, ◯で囲みなさい。　　　（7点×5＝35点）

□ (1) この写真では, 2人の少女の間に男性がいます。
　　In this picture, there is a man（ among / between ）two girls.

□ (2) お年寄りの女性が多くの子どもたちの間に座っています。
　　An old woman is sitting（ among / between ）a lot of children.

□ (3) テーブルの上に大きなコンピューターがあります。
There is a big computer (over / on) the table.

□ (4) 山の上に美しい虹がかかっているのが見えますか。
Can you see a beautiful rainbow (over / on) the mountains?

□ (5) だれかが彼のそばに座っています。
Someone is sitting (beside / under) him.

Q3 次の日本文に合うように，(　　)内の語を並べかえなさい。ただし，1語不要
な語があります。
(8点×5＝40点)

□ (1) 彼らは，昨晩日本に到着しました。
(arrived / they / Japan / in / on) last night.

_____ last night.

□ (2) 壁には複数の絵がかかっています。
(several / pictures / are / on / the / there / wall / under).

_____ .

□ (3) トムのそばに座っているのはだれですか。
(is / who / sitting / Tom / in / beside)?

_____ ?

□ (4) 私の町にはホテルが5軒あります。
(there / five / in / on / are / hotels / town / my).

_____ .

□ (5) 私のネコはイスの上で眠っています。
(cat / sleeping / my / over / on / is) the chair.

_____ the chair.

！ ポイント 「場所」を表す前置詞のまとめ

over	（～の上に）	… 「真上に，～の上をおおって」の意味を表します。
under	（～の下に）	… over の反意語です。
around	（～のまわりに）	… 「ぐるりと囲んでいる」イメージです。
between	（～の間に）	… 2つのものや2人の間を表します。
among	（～の間に）	… 3つ以上のものや3人以上の間を表します。

動詞とともに使われる前置詞

3060

> 動詞との組み合わせで熟語を作る前置詞について学習しましょう。ここでは，中学で知っておきたい動詞と前置詞の組み合わせを確認します。
>
> 〈動詞＋前置詞〉の熟語
>
> call at（〈場所〉を訪問する），call on（〈人〉を訪問する），
> get on（～に乗る），get off（～から降りる），look for（～を探す）　など
>
> **Get on** this bus.（このバスに乗りなさい）
> A lot of girls **got off** the bus.（多くの少女がバスから降りました）

Q1 次の文の（　　）に入る適当な前置詞を，右から選びなさい。　（5点×5＝25点）

☐ (1) 私は昨日私のおじの家を訪問しました。
I called (　　　　) my uncle's home yesterday.

☐ (2) 何人かの少年たちが教授と話をしていました。
Some boys were talking (　　　　) the professor.

☐ (3) 彼らの問題について話しましょう。
Let's talk (　　　　) their problems.

☐ (4) 私のかぎを探してください。
Please look (　　　　) my key.

☐ (5) 私はやっとバスに乗りました。
I finally got (　　　　) the bus.

at
about
with
for
on

Q2 次の英文の（　　）内の正しいほうを選び，◯で囲みなさい。　（7点×5＝35点）

☐ (1) 何人かの生徒が彼女のことを笑いました。
Some students laughed (at / for) her.

☐ (2) 私たちは小さな女の子を探しています。
We are looking (in / for) a little girl.

□ (3) 私は何人かの男の子たちの世話をしなければなりません。
I have to look (over / after) some boys.

□ (4) 私たちは次の停留所でバスを降ります。
We will get (off / at) the bus at the next stop.

□ (5) ケイトは今，音楽を聞いています。
Kate is listening (to / at) music now.

Q3 〈動詞＋前置詞〉の形を用いて，次の日本文を英語に直しなさい。　(8点×5＝40点)

□ (1) 私たちは先週私の祖父を訪ねました。

_____

□ (2) このバスに乗りましょう。

_____

□ (3) 私の犬の世話をしてください。

_____

□ (4) 私たちは私の友だちを待ちました。

_____

□ (5) 彼女は私のことを笑いました。

_____

 ポイント 〈動詞＋前置詞〉のまとめ

その他の〈動詞＋前置詞〉の表現を確認しましょう。

laugh at	（～を笑う）	listen to	（～を聞く）
talk about	（～について話す）	wait for	（～を待つ）　など
look after	（～の世話をする）		

3061

仮定法過去

仮定法とはその名のとおり,「現実とは異なることを仮定する」表現です。「もし私がロボットだったら…」というような表現だと考えればよいでしょう。英語では,現実と異なることを仮定する場合,〈If ＋主語 A ＋動詞の過去形 〜,主語 B ＋ would ＋動詞の原形 ....〉「もし（主語 A が）〜なら,（主語 B は）〜するだろうに」のように,if に続く動詞を過去形にして表します。これを仮定法過去といいます。注意したいのは,**if に続く動詞が be 動詞の場合,主語 A が単数でも複数でも,was ではなく were を使う**ことです。また,would「〜だろう」の代わりに,could「〜できるだろう」や might「〜かもしれない」を使うこともできます。

> **If I were you, I would go to America.**
> （もし私があなたなら,私はアメリカに行くだろうに）

if 〜を後ろにもってくることもあります。この場合,if の前にカンマ（,）はつけません。

> **I could contact him if I knew his address.**
> （私が彼の住所を知っていれば,彼に連絡を取れるのに）

Q1 次の英文の下線部を見て（　　）内の正しいほうを選び,◯で囲みなさい。

（4点×5 = 20点）

□ (1) もし彼がここに私といっしょにいれば,私はうれしいだろうに。
　　　If he (were / is) here with me, I <u>would be</u> happy.

□ (2) もしもっとお金を持っていれば,私はこのジーンズを買えるのに。
　　　If I (had / have) more money, I <u>could buy</u> these jeans.

□ (3) もし私があなたなら,私はイタリアに行くのに。
　　　I <u>would go</u> to Italy if I (were / be) you.

□ (4) 私がもっと若ければ,その仕事をするだろうに。
　　　I <u>would do</u> the job if I (were / had been) younger.

□ (5) もっと一生懸命働けば,あなたはずっと幸せになれるのに。
　　　If you (worked / have worked) harder, you <u>would be</u> much happier.

Q2 次の日本文に合うように，（　　）内の語句を並べかえなさい。　(6点×5＝30点)

☐ (1) もし私が鳥なら，あなたのところに飛んでいくのに。
(if / were / I / bird / a)，I would fly to you.

_____, I would fly to you.

☐ (2) もし彼がパーティーに来てくれれば，私はうれしいのに。
(he / to / the party / came / if)，I would be happy.

_____, I would be happy.

☐ (3) もし彼女の電話番号を知っていれば，連絡できるのに。
I could contact her (if / I / phone / her / number / knew).

I could contact her _____.

☐ (4) もし私が忙しくなければ，あなたと会えるのに。
(could / I / meet / you) if I were not busy.

_____ if I were not busy.

☐ (5) もし彼女がここにいなければ，多くの人々が悲しむでしょう。
(many / would / be / sad / people) if she were not here.

_____ if she were not here.

Q3 Ifで始めて，（　　）内の語を用いて，次の日本文を英語に直しなさい。(10点×5＝50点)

☐ (1) もし私が鳥なら，自由に (freely) 飛ぶことができるのに。(could)

_____

☐ (2) もし私がそこにいれば，あなたに会うことができるのに。(could)

_____

☐ (3) もしあなたが私を手助けしなければ，私はその仕事 (work) を終えることはできないでしょう。(could)

_____

☐ (4) もしあなたがお金を十分持っていれば，新しい車を買うことができるのに。(could)

_____

☐ (5) もし私がもっと若ければ，海外留学をする (study abroad) でしょう。(would)

_____

I wish＋主語＋動詞の過去形

3062

前回のセクションでは，現在の事実と異なることは，if のあとに過去形を使って表す仮定法を学習しました。今回はその応用です。**I wish は「〜であればなあ」**という意味で，**現在の事実と異なることを願望するときに用いる表現**です。I wish の後ろには〈**主語＋動詞の過去形**〉や，〈**主語＋ could ＋動詞の原形**〉，〈**主語＋ would ＋動詞の原形**〉を続けます。また，be 動詞が用いられる場合は，were を用いるのが一般的です。

I wish I could speak Chinese.　（私が中国語を話すことができたらなあ）
I wish I were a bird.　（私が鳥だったらなあ）

Q1 次の英文の（　　）内の正しいほうを選び，◯で囲みなさい。　（4点×5＝20点）

□ (1) ぼくが女の子だったらなあ。
　　I wish I (were / am) a girl.

□ (2) 彼がここにいてくれたらなあ。
　　I wish he (is / were) here.

□ (3) 彼女が私といっしょに来てくれたらなあ。
　　I wish she (would come / will come) with me.

□ (4) 大きな家が買えたらなあ。
　　I wish I (could buy / can buy) a large house.

□ (5) 彼のメールアドレスを知っていたらなあ。
　　I wish (I knew / I have known) his e-mail address.

Q2 次の日本文に合うように，（　　）内の語句を並べかえなさい。　(6点×5 = 30点)

☐ (1) あなたが私といっしょにいてくれればなあ。
I wish (with / you / were / me).

I wish ＿＿＿＿＿＿＿＿＿＿＿＿＿＿＿＿＿＿＿＿＿＿＿＿＿＿＿ .

☐ (2) 今，彼と連絡を取ることができればなあ。
I wish (him / I / could / contact) now.

I wish ＿＿＿＿＿＿＿＿＿＿＿＿＿＿＿＿＿＿＿＿＿＿ now.

☐ (3) あなたのように上手に英語を話せたらなあ。
I wish (well / I / speak / could / English) like you.

I wish ＿＿＿＿＿＿＿＿＿＿＿＿＿＿＿＿＿＿＿＿ like you.

☐ (4) 彼らがパーティーに来てくれればなあ。
(they / came / the party / I / to / wish).

＿＿＿＿＿＿＿＿＿＿＿＿＿＿＿＿＿＿＿＿＿＿＿＿＿＿＿ .

☐ (5) 上手に動画を撮ることができればなあ。
(take / I / could / wish / videos / I) well.

＿＿＿＿＿＿＿＿＿＿＿＿＿＿＿＿＿＿＿＿＿＿＿ well.

Q3 次の日本文を英語に直しなさい。　(10点×5 = 50点)

☐ (1) （私が）ミュージシャンだったらなあ。

＿＿＿＿＿＿＿＿＿＿＿＿＿＿＿＿＿＿＿＿＿＿＿＿＿＿＿

☐ (2) （私が）新しい車を買うことができたらなあ。

＿＿＿＿＿＿＿＿＿＿＿＿＿＿＿＿＿＿＿＿＿＿＿＿＿＿＿

☐ (3) （私が）カメラを持っていたらなあ。

＿＿＿＿＿＿＿＿＿＿＿＿＿＿＿＿＿＿＿＿＿＿＿＿＿＿＿

☐ (4) （私が）彼のように中国語を話せたらなあ。

＿＿＿＿＿＿＿＿＿＿＿＿＿＿＿＿＿＿＿＿＿＿＿＿＿＿＿

☐ (5) （私が）彼女と会うことができればなあ。

＿＿＿＿＿＿＿＿＿＿＿＿＿＿＿＿＿＿＿＿＿＿＿＿＿＿＿

仮定法過去完了 (発展)

3063

仮定法には，現在の事実と異なることを表す仮定法過去のほかに，**過去の事実と異なることを表す仮定法過去完了**があります。この表現は〈**If ＋主語 A ＋ had ＋ 動詞の過去分詞形 〜，主語 B ＋ would have ＋ 動詞の過去分詞形 ....「（主語 A が）〜していたら，（主語 B は）…していただろうに」**という形を取ります。If 〜 の部分を文の後半に置く語順でも使うことができます。また，would のほかに could や might のような助動詞の過去形を使うこともできます。

If she **had studied** harder, she **could have passed** the test.

（もし彼女がもっと熱心に勉強していたら，彼女はテストに合格できたでしょうに）

If I **had been** rich, I **would have bought** a new car.

（もし私がお金持ちだったら，私は新車を買っていたでしょうに）

Q1 次の英文の下線部を見て（　　）内の正しいほうを選び，◯で囲みなさい。

（4点×5 ＝ 20点）

☐ (1) もし彼がもっと早く起きていたら，彼は電車に乗り遅れなかったでしょうに。

If he (has got / had gotten) up earlier, he <u>would not have missed</u> the train.

☐ (2) もし私がそのニュースを知っていたら，私はあなたにそれを伝えることができたでしょうに。

If I (have known / had known) the news, I <u>could have told</u> you about it.

☐ (3) 彼女がそのとき十分なお金を持っていたら，そのジャケットを買うことができたでしょうに。

She <u>could have bought</u> the jacket if she (had had / had) enough money then.

☐ (4) あなたがその会議にいたら，あなたは怒ったでしょうに。

You <u>would have gotten</u> angry if you (were / had been) at the meeting.

☐ (5) もしあなたが助けてくれなかったら，彼女は良い点数を取ることができなかったでしょうに。

If you (had not helped / didn't help) her, she <u>couldn't have gotten</u> a good score.

Q2 次の日本文に合うように，（　　）内の語句を並べかえなさい。　(6点×5＝30点)

□ (1) もし昨日が大雨だったら，私はそこへは行けなかったでしょうに。

(it / if / had / rained / heavily) yesterday, I could not have gone there.

_____ yesterday, I could not have gone there.

□ (2) もし私が彼女の電話番号を知っていたら，私は彼女に電話することができたのに。

(I / if / had / phone number / her / known), I could have called her.

_____, I could have called her.

□ (3) 彼が私たちといっしょにいてくれたら，もっと楽しかったのに。

We would have been happier (been / us / if / he / with / had).

We would have been happier _____.

□ (4) もし晴れていたら，私は犬を連れて散歩に行ったのに。

(have / my / would / I / taken / dog) for a walk if it had been sunny.

_____ for a walk if it had been sunny.

□ (5) もし私がそのときもっと若ければ，そのチームに入っていたでしょうに。

(would / I / the team / joined / have) if I had been younger then.

_____ if I had been younger then.

Q3 （　　）内の語を用いて，次の日本文を英語に直しなさい。　(10点×5＝50点)

□ (1) もし彼女がもっと早く起きていたら，その電車に乗り遅れなかったでしょうに。(would)

_____

□ (2) もし私があなたの電話番号を知っていたら，電話することができたのに。(could)

_____

□ (3) もしあなたが手伝ってくれていなかったら，私はこの宿題を終えることができなかったでしょうに。(could)

_____

□ (4) もし彼がここに来ていたら，私たちはパーティーを楽しんでいたでしょうに。(would)

_____

□ (5) もし昨日がいい天気 (fine) だったら，私たちはそこに行ったでしょうに。(would)

_____

出題範囲 ▶ **セクション 41 〜 60**

1 次の日本文に合うように，（　　）に適する１語を入れなさい。　　(3点×6=18点)

☐ (1) 彼女がいつ来るのか，あなたは知っていますか。
Do you know (　　　　　) she will come?

☐ (2) 私たちは，あなたの犬がどこに行ったのか知りません。
We don't know (　　　　　) your dog (　　　　　).

☐ (3) あなたのお兄さんは何て背が高いのでしょう。
(　　　　　) tall your brother is!

☐ (4) この電車は大阪にとまりますね。
This train stops at Osaka Station, (　　　　) (　　　　)?

☐ (5) 昼食を食べる前に手を洗いなさい。
Wash your hands (　　　　) you eat lunch.

☐ (6) もし明日晴れれば，私たちは買いものに行くつもりです。
(　　　) (　　　) (　　　　) fine tomorrow, we'll go shopping.

2 （　　）内の指示に従って，文を書きかえなさい。　　(4点×5=20点)

☐ (1) It's a nice day.　（付加疑問文に）

_____

☐ (2) I'm sad because you can't come.　（I wish を使って事実と異なる願望を表す文に）

_____

☐ (3) Your brother can speak English.　（付加疑問文に）

_____

☐ (4) Those pictures are very beautiful.　（how を使った感嘆文に）

_____

☐ (5) He is a very strong man.　（what を使った感嘆文に）

_____

3 次のそれぞれの文の誤りに下線を引き，正しい形に直しなさい。 （4点×5＝20点）

☐ (1) What hot it is today! _____

☐ (2) Do you know what should I bring to his house? _____

☐ (3) She studied English very hard, doesn't she? _____

☐ (4) My father usually reads a newspaper on the morning.

_____

☐ (5) I wish I can fly like a bird. _____

4 （　　）内の語を並べかえ，意味の通る英文にしなさい。 （5点×5＝25点）

☐ (1) I don't understand (mean / what / you).

I don't understand _____.

☐ (2) Could you tell me (can / how / to / get / we / library / the)?

Could you tell me _____?

☐ (3) My father was watching TV (mother / came / my / home / when).

My father was watching TV _____.

☐ (4) If I had had a camera with me, (picture / could / I / taken / have / a) of the lake.

If I had had a camera with me, _____ of the lake.

☐ (5) (a / sky / it / what / beautiful / is)!

_____!

5 次の日本文を英語に直しなさい。

☐ (1) 3月20日に彼女がなぜここに来なかったかわかりますか。 （5点）

Do you know _____?

☐ (2) 彼は何て一生懸命働いたのでしょう！ （6点）
　　　（いっしょうけんめい）

How _____!

☐ (3) もし私があなただったら，そんなことは言わないでしょう。 （6点）

If _____.

著者紹介

東進ハイスクール・東進衛星予備校　講師
メガスタディ（メガスタ）オンライン　講師

杉山 一志 _{（すぎやま　かずし）}

　1977 年生まれ。大阪府出身。大阪府立旭高等学校国際教養科を経て，同志社大学文学部教育学科卒業。大学 3 年次にワーキングホリデー制度を活用して，ニュージーランドに渡航し，10 か月間語学留学・就労経験を持つ。帰国後，実用英語習得の必要性を感じ，独自の方法で英語学習を開始し，試行錯誤の上，実用英語技能検定 1 級を取得。また，TOEIC テストでもリスニング・ライティングで満点を取得。

　現在は，大学受験指導や英語検定試験（英検）指導などを中心に，幅広い年代の学習者に英語指導を行なっている。大学受験指導では，東大クラス・難関国立クラス・早慶大クラス等，幅広く講座を担当している。

　著書に「小学・中学・高校英文法パターンドリル」シリーズ（文英堂），「究極の音読プログラム初級・中級・上級・ビジネス編」（IBC パブリッシング），「小学英語・中学英語スーパードリル」シリーズ（J リサーチ出版）などの代表作をはじめ，監修・共著などを含めると手がけた書籍は，80 冊を超える。

□ 編集協力　株式会社 WIT HOUSE　鹿島由紀子　西澤智夏子
□ 本文デザイン　八木麻祐子（ISSHIKI）　木村昇（CONNECT）
□ DTP　榊デザインオフィス
□ イラスト　大塚たかみつ
□ 音声収録　一般財団法人 英語教育協議会（ELEC）

シグマベスト
中３英文法パターンドリル

本書の内容を無断で複写（コピー）・複製・転載することを禁じます。また，私的使用であっても，第三者に依頼して電子的に複製すること（スキャンやデジタル化等）は，著作権法上，認められていません。

© 杉山一志　2024　　　Printed in Japan

著　者　杉山一志
発行者　益井英郎
印刷所　中村印刷株式会社
発行所　株式会社文英堂
　〒601-8121　京都市南区上鳥羽大物町28
　〒162-0832　東京都新宿区岩戸町17
　（代表）03-3269-4231

●落丁・乱丁はおとりかえします。

中③ 英文法 パターンドリル

解答集

文英堂

セクション 1

(1) have visited   (2) have met
(3) has used   (4) has written
(5) have seen

(1) have heard this story
(2) have read that book many times
(3) She has met him before
(4) We have had a big earthquake before
(5) My brother has visited China

(1) Bob has used my bike three times.
(2) I have written a story before.
(3) He has read the novel twice.
(4) We have visited Ann's house once.
(5) She has used this computer before.

セクション 2

(1) have lived   (2) have stayed
(3) has known   (4) has studied
(5) has taught

(1) My family has lived in Osaka for
(2) We have known him for two weeks
(3) She has worked as an engineer since she
(4) He has been busy since last week
(5) My son has lived in Saitama for

(1) I have used this camera for three years.
(2) He has worked for the company for 10[ten] years.

(3) She has been[stayed] in this town since last Saturday.
(4) They have played soccer for five years.
(5) Ken has studied Chinese since 2022.

セクション 3

(1) have just told   (2) has just finished
(3) has just left   (4) has already come
(5) have already done

(1) has already finished his work
(2) has just read the newspaper
(3) Her mother has already finished this novel
(4) Your teacher has just come back
(5) I have broken the dishes

(1) I have already cooked[made] dinner.
(2) She has just cleaned her room.
(3) He has already seen[watched] the movie.
(4) My brother has broken the vase.
(5) We have just come back to the library.

セクション 4

(1) I have not lived in Tokyo for a long time.
(2) They have not known each other for a long time.
(3) I have never visited London before.
(4) He has never used this computer before.
(5) The man has never met a kind woman like her before.

2

(1) have not stayed in London
(2) has not studied English for
(3) I have never had a big earthquake
(4) I have never visited Rome before
(5) have never talked with her

(1) He has never played tennis before.
(2) I have not [haven't] called her since last month.
(3) John has never eaten [had] *natto*.
(4) I have not [haven't] seen him for a week.
(5) She has not [hasn't] been to the library this week.

セクション 5

(1) I have not [haven't] told him the truth yet.
(2) My daughter has not [hasn't] finished breakfast yet.
(3) The train has not [hasn't] left yet.
(4) My father has not [hasn't] come back from work yet.
(5) The students have not [haven't] done their homework yet.

(1) He has not finished his work yet
(2) has not read the newspaper yet
(3) His mother hasn't finished reading this novel yet
(4) My teacher hasn't come back
(5) John and Bob haven't finished their homework yet

(1) I have not [haven't] cooked [made] dinner yet.
(2) She has not [hasn't] cleaned her room yet.
(3) He has not [hasn't] seen [watched] the movie yet.
(4) My sister has not [hasn't] washed the dishes yet.
(5) We have not [haven't] been [gone] to the library yet.

セクション 6

(1) Have you told him the truth yet?
(2) Has Bob finished breakfast yet?
(3) Have your brothers done their homework yet?
(4) Has her father come back from work yet?
(5) Has the train left yet?

(1) Has he finished his work yet
(2) Has your sister finished reading this novel yet
(3) Have you read the newspaper yet
(4) Has our teacher come back
(5) Have they eaten breakfast yet

(1) Has he seen [watched] the movie yet?
(2) Has she cleaned her room yet?
(3) Have you cooked [made] dinner yet?
(4) Has your sister washed the dishes yet?
(5) Has he been [gone] to the library yet?

セクション 7

(1) have
(2) have not
(3) he has
(4) it hasn't
(5) they have

(1) Yes, she has
(2) No, he has not
(3) Yes, they have
(4) No, he hasn't
(5) No, we haven't

(1) No, I haven't.
(2) No, she hasn't.
(3) Yes, I have.
(4) Yes, we have.
(5) No, it hasn't.

 セクション 8

(1) How many times have you visited London?
(2) How many times have you met that actor?
(3) How many times have you used the new machine?
(4) How many times has she written a letter to her friend?
(5) How many times has he seen this novelist?

(1) How many times have you heard
(2) How many times has he read that book
(3) How many times has she met him
(4) How many times have you had a big earthquake
(5) How many times have you seen the beautiful horse

(1) How many times have you seen [watched] this movie?
(2) How many times have you been to New York?
(3) How many times have you eaten [had] curry at that restaurant?
(4) How many times have you watched baseball games at the stadium?
(5) How many times have you played this game?

 セクション 9

(1) How long have you lived in Tokyo?
(2) How long have they stayed at this hotel?
(3) How long has she known him?
(4) How long has your friend studied English?
(5) How long has the teacher taught them math?

(1) How long has your family lived
(2) How long have you known him
(3) How long has she worked here
(4) How long has he been busy
(5) How long has your father stayed

(1) How long has she been [stayed] in Japan?
(2) How long have you studied art?
(3) How long has he been sick?
(4) How long have you had the problem?
(5) How long has he played the violin?

セクション 10

(1) has been waiting

(2) has been working

(3) have been talking

(4) has been making

(5) has been using

②②

(1) has been studying English

(2) has been teaching English

(3) has been working in New Zealand

(4) Tom has been practicing the guitar for

(5) The professor has been reading the book for

(1) He has been studying science since last year.

(2) It has been raining here for about three weeks.

(3) We have been waiting for him for about two hours.

(4) My mother has been working at the store since this morning.

(5) The boy has been crying here for more than 30 minutes.

確認テスト 1

1

(1) ① (2) ③ (3) ② (4) ① (5) ①

(6) ③ (7) ① (8) ②

2

(1) I have never been to Rome before.

(2) Have you been playing soccer for more than two hours?

(3) Has his mother washed the dishes yet?

(4) How long have they been in New Zealand?

(5) How many times has Ken used this dictionary?

解説

(1) have been to ～「～に行ったことがある」という経験を表す表現です。

(4) have been in ～「～にいる[住んでいる]」という継続を表す表現です。

3

(1) been (2) gone (3) been waiting

(4) left (5) taken

4

(1) has, been (2) seen such

(3) have, met

解説

(2) 〈such a [an] + ～（形容詞）+ …（名詞）〉「こんなに～な…」

5

(1) She has been studying Chinese

(2) I have been interested in movies

(3) I have already heard from her

(4) Have you ever been to Okinawa

解説

それぞれの意味は,

(1) 彼女は3時間ずっと中国語を勉強しています。

(2) 私は映画に興味を持っています。

(3) 私は彼女からすでに連絡をもらいました。

(4) あなた(たち)は今までに沖縄へ行ったことがありますか。

セクション 11

(1) I live in Nara.
　 S　V　　M

(2) My sister arrived at the station.
　　　S　　　V　　　　M

(3) Our teacher is talking with him.
　　　　S　　　　V　　　　M

(4) <u>My family</u> <u>will go</u> <u>on a picnic</u> <u>tomorrow.</u>
S — V — M — M

(5) <u>In Japan,</u> <u>some people</u> <u>go</u> <u>to a shrine</u>
M — S — V — M

<u>on New Year's Day.</u>
M

(1) We can swim in the lake
(2) They will go to the library
(3) My father and mother danced
(4) We went to the department store last Saturday
(5) My mother is talking on the phone

(1) My grandparents live in Hokkaido.
(2) My father walked to his office yesterday.
(3) He and I ran to the park yesterday.
(4) I went to the museum with him yesterday.
(5) You live in Australia.

セクション 12

(1) <u>He</u> <u>is</u> <u>a student.</u>
S — V — C

(2) <u>She</u> <u>was</u> <u>a nurse</u> <u>in the hospital.</u>
S — V — C — M

(3) <u>We</u> <u>were</u> <u>happy</u> <u>at that time.</u>
S — V — C — M

(4) <u>They</u> <u>became</u> <u>teachers.</u>
S — V — C

(5) <u>I</u> <u>will become</u> <u>a baseball player</u>
S — V — C

<u>in the future.</u>
M

(1) ア　　(2) イ　　(3) ア
(4) イ　　(5) ア

(1) I am a junior high school student
(2) We are very sad
(3) They were police officers
(4) I will become a teacher
(5) My brother became a doctor

セクション 13

(1) <u>You</u> <u>have</u> <u>a book</u> <u>in your hand.</u>
S — V — O — M

(2) <u>We</u> <u>will meet</u> <u>him</u> <u>at the station.</u>
S — V — O — M

(3) <u>You</u> <u>may use</u> <u>this computer</u> <u>today.</u>
S — V — O — M

(4) <u>We</u> <u>must wash</u> <u>our feet</u>
S — V — O

<u>in the bathroom.</u>
M

(5) <u>He</u> <u>read</u> <u>this book</u> <u>yesterday.</u>
S — V — O — M

(1) ウ　　(2) イ　　(3) ア
(4) ウ　　(5) ア

(1) I use this dictionary every day
(2) She is studying English in the room
(3) I have to wash my car next Sunday
(4) has a big dog
(5) He is watching TV

セクション 14

(1) <u>I</u> <u>gave</u> <u>him</u> <u>a book.</u>
S — V — O — O

(2) <u>She</u> <u>gave</u> <u>my friend</u> <u>a present</u> <u>yesterday.</u>
S — V — O — O — M

(3) My father will give me a camera.
  S   V   O   O

(4) I will show her the way
  S   V   O   O

    to the station.
          M

(5) He told me an interesting story.
  S   V   O   O

Q2

(1) エ   (2) ウ   (3) ア

(4) イ   (5) エ

Q3

(1) He gave her a necklace

(2) I will tell you the truth

(3) Mr. Smith told us an interesting story

(4) She showed me her album

(5) My father gave me his computer

セクション 15

Q1

(1) The news made me happy last night.
     S   V   O   C   M

(2) The accident made us sad.
       S   V   O   C

(3) He made her angry last week.
  S   V   O   C   M

(4) My father calls me Taku.
    S   V   O   C

(5) We call this flower *himawari*
  S   V   O   C

    in Japanese.
        M

Q2

(1) オ   (2) エ   (3) ウ

(4) イ   (5) ア

Q3

(1) We call him Bob

(2) We call that flower "sunflower" in

(3) The news made them happy

(4) made us very sad

(5) The fact made John very angry

セクション 16

Q1

(1) Look at the crying baby.

(2) I know that running dog.

(3) The singing lady is Mary.

(4) Those walking men are basketball players.

(5) There are flying birds over there.

Q2

(1) running   (2) sleeping   (3) barking

(4) crying   (5) dancing

Q3

(1) that running boy   (2) a sleeping cat

(3) that barking dog   (4) The crying girl

(5) Those dancing children

セクション 17

Q1

(1) playing baseball

(2) a family living in New York

(3) girls listening to music

(4) running over there

(5) sleeping on the bed

Q2

(1) those boys playing baseball

(2) the dogs running over there

(3) The man sleeping on the bed

(4) The man waiting for her

(5) the woman talking on the phone

Q3

(1) Those students singing a song[songs] are my classmates.

7

(2) The woman talking on the phone is my aunt.

(3) There is an elderly man waiting for his friend.

(4) I know her family living in New York.

(5) The girls listening to music are my students.

セクション 18

(1) Look at the broken window.

(2) I bought a used car.

(3) The child found a hidden book.

(4) We can't read those written words.

(5) The police found a stolen bike.

(1) broken   (2) spoken   (3) used

(4) printed   (5) stolen

(1) the broken vase

(2) the spoken language

(3) a used car

(4) read the printed documents

(5) The stolen bike

セクション 19

(1) broken by Jim   (2) spoken in Korea

(3) painted by a famous artist

(4) written by her   (5) loved by him

(1) the vase broken by Mike

(2) books written in Chinese

(3) the pictures painted by a famous artist

(4) The novels written by him

(5) The town loved by him

(1) この歌手によって歌われた [歌われている] 歌は人気があります。

(2) これらはたくさんの女の子によって読まれている漫画です。

(3) 路上に駐車された車はトムのです。

(4) オーストラリアで話されている言語は何ですか。

(5) あなたは多くの若者に愛されている俳優を知っていますか。

セクション 20

(1) I know the book which is very popular among young people.

(2) Look at the cat which is sleeping over there.

(3) I have novels which are very interesting.

(4) I have a dog which has long ears.

(5) The bag which is very cute is Mary's.

(1) which fell from the desk

(2) which means "dog" in Japanese

(3) which was written in India

(4) which helps wild animals

(5) which is popular among children

(1) The vase which fell from the desk

(2) a book which was written in Chinese

(3) the group which helps wild animals

(4) the word which means "flower" in Korean

(5) a novel which is [are] popular among young Japanese people [people in Japan]

セクション 21

(1) I have a friend who lives in Paris.
(2) Look at the woman who is standing at the corner.
(3) I know the children who are talking with a teacher.
(4) The man who was reading a magazine is Tom's uncle.
(5) These students who are studying English are very smart.

(1) who lives in Kyoto
(2) who was loved by her
(3) who never gives up
(4) who studied Japanese in Tokyo
(5) who wrote this novel

(1) My friend who lives in New York
(2) A person who was loved by many people
(3) a man who never gives up
(4) a student who studied in New Zealand
(5) the woman who made this movie

セクション 22

(1) This is the novel which we like very much.
(2) Look at the cat which Mary is holding in her arms.
(3) This is the village which I sometimes visit.
(4) The magazines which many people read are very interesting.

(5) These computers which many Japanese businesspeople have are very good.

(1) which I bought there
(2) which you made yesterday
(3) which I like the best
(4) which we can never forget
(5) which my mother visited

(1) the song which he likes (the) best
(2) The magazine which I bought there
(3) an experience which he can never forget
(4) the country which I visited
(5) Those pictures [photos] which you took yesterday

セクション 23

(1) This is the man whom we like very much.
(2) Look at the boy whom I met at the party.
(3) This is the woman whom I sometimes visit.
(4) The girl whom you met yesterday is my daughter.
(5) These men whom I am looking for are very tall.

(1) whom he teaches English
(2) whom we don't know
(3) whom she met there
(4) whom they are talking with
(5) whom we like

(1) The students whom I teach French

(2) The elderly man whom he met at the station

(3) a woman whom we don't know

(4) the boy whom she is looking for

(5) the actor whom I like (the) best

セクション 24

(1) the song I like best

(2) an experience you can never forget

(3) the book he bought yesterday

(4) the students he teaches English

(5) the young man he met in the library

(1) This is a magazine I like very much.

(2) The comics many students read are very interesting.

(3) These dictionaries many businesspeople have are very useful.

(4) The girl I met in the park was Yumi.

(5) The boys he teaches math to are very smart.

(1) the song I like the best

(2) a dream I can never forget

(3) the country he visited

(4) The students he teaches English

(5) the young man the professor is talking

セクション 25

(1) the dishes that fell from the table

(2) the soldiers that were killed in the war

(3) a friend that lives in Sendai

(4) a hamburger that I bought there

(5) the criminals that the police officers are looking for

(1) I have a friend that lives in Paris.

(2) These students that are studying English are very smart.

(3) Those dogs that are running over there are very cute.

(4) The comics that many students read are very interesting.

(5) Look at these bikes that he bought the other day.

(1) The dictionary that fell from the desk

(2) the pictures that were taken by him

(3) The friend that lives in London

(4) The shoes that I bought there

(5) the friend that I have known

セクション 26

(1) I have a friend whose father is a doctor.

(2) The book whose cover is red is very interesting.

(3) These dogs whose eyes are brown are very cute.

(4) The man whose business card I have is very kind.

(5) Let's sing a song whose title I know.

(1) whose mother is

(2) whose door is

(3) whose cover is

(4) whose book you have

(5) whose songs I know

Q3

(1) a child whose parents are rich
(2) the book whose cover is black
(3) the cat whose eyes are brown
(4) the writer whose book you have
(5) a man whose wife is a painter

確認テスト 2

1
(1) エ　　(2) ア　　(3) オ　　(4) イ　　(5) ウ

解説
(1)は S + V + O + O, (2)は S + V + O + C,
(3)は S + V + O, (4)は S + V, (5)は S + V + C。

2
(1) who 　　　(2) whose 　　　(3) who
(4) which 　　(5) which
(6) whom [who]
(7) whose 　　(8) which

3
(1) flying 　　(2) which 　　(3) used
(4) who 　　　(5) loved 　　(6) whose
(7) broken 　　(8) talking

4
(1) I have an American friend whose name
(2) The book written by the writer
(3) I have a basket which is full of flowers
(4) I know the boy talking with a teacher

セクション 27

Q1
(1) It, to 　　(2) It, for, to 　　(3) It, for, to
(4) It, for, to 　(5) It, for, to

Q2
(1) It is difficult for me to speak English.
(2) It is exciting for us to play soccer.
(3) It is very good for them to read novels.
(4) It is important for us to have many friends.
(5) It is necessary for students to use dictionaries.

Q3
(1) It is interesting for me to speak English
(2) It is easy for her to play the piano
(3) It is important for us to watch the news
(4) It is not easy for him to do the homework
(5) It is good for young people to help elderly people

セクション 28

Q1
(1) how to study 　　(2) how to cook
(3) how to write 　　(4) how to fish
(5) how to clean

Q2
(1) how to swim 　　(2) how to cook
(3) how to use a computer
(4) how to speak English
(5) how to write a report

Q3
(1) how to play the guitar
(2) how to swim fast
(3) how to use this machine
(4) me how to speak English
(5) how to get to the library

セクション 29

(1) what to say　　(2) what to eat
(3) what to buy　　(4) what to read
(5) what to do

(1) what to buy　　(2) what to say
(3) what to do
(4) what to teach him
(5) what to study next

(1) what to say　　(2) what to buy for
(3) told me what to do next
(4) told us what to read
(5) what to say next

セクション 30

(1) where to meet　　(2) where to get
(3) where to start　　(4) where to go
(5) where to park

(1) where to go　　(2) where to live
(3) where to meet him
(4) where to eat tonight
(5) where to park my car

(1) where to buy a ticket
(2) knows where to go
(3) me where to park
(4) know where to start
(5) where to do my homework

セクション 31

(1) when to start　　(2) when to do
(3) when to buy　　(4) when to go
(5) when to study

(1) when to leave
(2) when to study English
(3) when to tell him the truth
(4) when to come here
(5) when to have dinner

(1) when to go shopping
(2) when to tell him
(3) when to come here
(4) when to start
(5) when to meet you

セクション 32

(1) to work　　(2) too cold
(3) too difficult　　(4) too heavy
(5) too fast

(1) was too busy to have lunch
(2) My grandmother is too old to walk fast
(3) This river is too deep to swim
(4) is too difficult for me to understand
(5) too fast for us to understand

(1) This tea is too hot to drink.
(2) She was too busy to go shopping with me.
(3) He was too tired to do his[the] homework.

(4) The dictionary is too expensive for students to buy.

(5) It is too warm to wear a coat today.

セクション 33

(1) so busy　　(2) so old
(3) so deep　　(4) that I can't read
(5) that I can't understand

(1) so, that　(2) so, that　(3) so, that
(4) so, that　(5) so, that

(1) so busy that he couldn't have
(2) is so old that he can't walk
(3) is so dirty that children can't swim
(4) is so difficult that I can't understand
(5) so fast that we can't understand

セクション 34

(1) rich enough to　(2) smart enough to
(3) kind enough to　(4) early enough to
(5) for us to live

(1) rich enough to buy
(2) was kind enough to help
(3) early enough to catch the train
(4) enough for her to like
(5) enough for children to read

(1) This book is easy enough for me to read.
(2) This bike is cheap enough for me to buy.

(3) He is strong enough to carry this box.

(4) She is rich enough to travel around the world.

(5) The boy is smart enough to read the book.

セクション 35

(1) so friendly　(2) so kind
(3) so clean　　(4) that we can read
(5) that I can understand

(1) so, that　　(2) so, that
(3) so, that　　(4) so, that
(5) so, that

(1) so rich that she can buy
(2) was so kind that he helped
(3) so early that we were able to catch
(4) so kind that she liked
(5) so easy that children can read it

セクション 36

(1) want him to　　(2) wants me to
(3) wants Tom to　(4) wanted us to
(5) wanted us to

(1) want her to study harder
(2) wants me to wash the dishes
(3) My father wants me to marry
(4) She wants him to work
(5) My teacher wanted me to come

(1) I want you to tell the truth.
(2) He wanted me to help him.
(3) I want you to call me tonight.
(4) Our teacher wants us to read the book.
(5) She wanted me to go to the concert with her.

セクション 37

(1) would like him to
(2) would like my mother to
(3) would like Tom to
(4) would like them to
(5) would like you to

(1) would like him to study harder
(2) would like my sister to wash the dishes
(3) I would like my son to marry
(4) I would like him to work
(5) I would like him to speak more slowly

(1) I would like you to write a letter to me.
(2) I would like her to go shopping with me.
(3) I would like you to read this book.
(4) I would like him to tell me the story.
(5) I would like you to come to my party.

セクション 38

(1) told him to   (2) tells me to
(3) told Tom to   (4) tell us to
(5) told us to

(1) tell her to study harder
(2) told me to wash the dishes
(3) My father told me to sit
(4) She told him to work harder
(5) My teacher told me to come

(1) My mother told me to clean my room.
(2) He told me to read this book.
(3) My brother told me to come home early.
(4) Tom told Ken to help him.
(5) I will [am going to] tell her to go there.

セクション 39

(1) asked them to   (2) asked me to
(3) asked Jim to   (4) ask us to
(5) asked me to

(1) asked her to study harder
(2) asked me to wash the car
(3) I asked her to marry
(4) They asked me to come
(5) My teacher will ask them to come

(1) I asked Kana to play the piano.
(2) She asked me to listen to her song.
(3) My mother asked me to go to the supermarket.
(4) He asked me to close the door.
(5) I will [am going to] ask my sister to make [cook] lunch for me [me lunch].

セクション 40

1

(1) do　　　　　(2) go

(3) clean　　　(4) laugh

(5) know

2

(1) let me go there alone

(2) will make me study

(3) My grandfather let us eat

(4) His teacher made him clean the desk

(5) The news made many people smile

3

(1) My father made me sleep alone.

(2) His parents let him study abroad.

(3) Our teacher will make us clean the classroom.

(4) Please let me pay for it.

(5) He made his friends laugh.

確認テスト 3

1

(1) made, go　　　(2) when to

(3) to watch　　　(4) for, to

(5) too, to　　　　(6) enough to

2

(1) <u>studying</u> → study

(2) <u>to me</u> → me　　(3) <u>so</u> → too

(4) <u>enough kind</u> → kind enough

(5) <u>to help</u> → help

解説

(3) to → that I can't としても正解。

3

(1) too, to help　　　(2) enough to

(3) too, for me　　　(4) It, for, to

(5) told, to

4

(1) would like you to study English

(2) Please let me know

(3) what to do next Sunday

(4) The teacher asked us to bring our notebooks

5

(1) My teacher let me use this computer.

(2) I want[would like] you to read the letter again.

セクション 41

1

(1) what he says

(2) what he said

(3) what you bought

(4) what you will buy

(5) what you have to buy

2

(1) what I learned here

(2) what he said

(3) what will happen

(4) tell me what she has to do

(5) what was here

3

(1) Please tell me what happened here.

(2) She knows what is in his room.

(3) I know what was on this table.

(4) I don't know what she did.

(5) Do you know what he will say next?

セクション 42

1

(1) when he went

(2) when a new teacher will

(3) when she was

(4) when Kate will

(5) when Mike will come

(1) when I knew the fact

(2) when the meeting started

(3) when he finished his homework

(4) when he will do his homework

(5) when Mary will come to Japan

(1) I don't know when he will [is going to] buy a car.

(2) I will tell you when he will come.

(3) Please tell me when he went there.

(4) Do you want to know when the class will start [begin]?

(5) Does she know when he arrived at the station?

セクション 43

(1) where you must go

(2) where they studied

(3) where he bought

(4) where he went

(5) where he is going to study

(1) where she went

(2) where I should go

(3) where she learned English

(4) where Mike went

(5) where she works

(1) I know where he went.

(2) Let's talk about where we should go.

(3) Please tell me where Bob works.

(4) I don't know where we will spend our vacation this summer.

(5) Please tell me where she is doing her [the] homework.

セクション 44

(1) why he said   (2) why she went

(3) why she is absent

(4) why she cried   (5) why he cried

(1) why she did it

(2) know why she came to Japan

(3) tell me why you were late

(4) don't know why my mother said

(5) why there is an apple

(1) I want to know why you are here.

(2) Do you want to know why he didn't do his [the] homework?

(3) Tell me why you were late.

(4) I will ask her why she was there.

(5) Please think about why she did it.

セクション 45

(1) how you came

(2) how I cook

(3) how it worked

(4) how they should study

(5) how we can succeed

(1) how he paints

(2) how we used it

(3) how he came here

(4) how I learned English

(5) how you cooked it

(1) Do you know how he works [is working]?
(2) My teacher taught [told] me how I should study English.
(3) Do you know how she cooks it?
(4) I want to know how he learned English.
(5) He will [is going to] teach [tell] us how we can speak French.

セクション 46

(1) how old he is
(2) how old he will be
(3) how long he has stayed
(4) how long you will stay
(5) how long she has lived

(1) how old he is
(2) how old she will be
(3) how long you have been
(4) how long she has lived
(5) how long he was here

(1) Do you know how old she is?
(2) Please tell me how long you have lived in Japan.
(3) I don't know how old your brother is.
(4) Do you know how long she (has) studied [learned] English?
(5) I want to know how long he has stayed in Kyoto.

セクション 47

(1) How beautiful the flower is!
(2) How hot it was!
(3) How fast he can run!
(4) What a kind woman she is!
(5) What good singers they were!

(1) How funny he is
(2) What a difficult question this is
(3) What an honest girl she is
(4) How well they can speak English
(5) What a cold day it was

(1) How exciting this game is!
(2) What an honest boy he is!
(3) What useful dictionaries these are!
(4) How fast she can swim!
(5) What a fast swimmer she is!

セクション 48

(1) weren't they   (2) can't
(3) do they   (4) won't he
(5) does she

(1) doesn't he   (2) can he
(3) were they   (4) did she
(5) don't they

(1) She is a pretty woman, isn't she?
(2) It was very cold, wasn't it?
(3) This book is very interesting, isn't it?
(4) His sister can't swim well, can she?

(5) You and I didn't meet at the station, did we?

セクション 49

(1) that she is　(2) that he is
(3) that they will　(4) that he passed
(5) that he told

(1) that he is an American
(2) that he told a lie
(3) that he will come here
(4) that he is honest
(5) that miracles will happen

(1) I think that he comes[is] from America.
(2) I believe that you are telling the truth.
(3) Do you know that he is a teacher?
(4) I know that you like cats.
(5) He thinks that he will pass the test.

セクション 50

(1) When he comes　(2) When I get home
(3) When he was　(4) when she came
(5) when you come

(1) When she is free
(2) When I came here
(3) When she was a child
(4) when he entered the room
(5) when you arrive at

(1) We were playing a game when she entered[came into] the room.
[When she entered[came into] the room, we were playing a game.]
(2) The children were playing soccer when I saw them.
[When I saw the children, they were playing soccer.]
(3) I will call you when I come here.
[When I come here, I will call you.]
(4) I lived in Osaka when I was a child.
[When I was a child, I lived in Osaka.]
(5) We were sad when we heard the news.
[When we heard the news, we were sad.]

セクション 51

(1) If it is rainy　(2) If it is sunny
(3) if you are not　(4) if you like
(5) if you are

(1) If it is fine　(2) If you are busy
(3) if you have a problem
(4) if I am busy
(5) if you can join us

(1) If it is sunny this weekend, let's go fishing.
[Let's go fishing if it is sunny this weekend.]
(2) If you are hungry, you can eat this cake.
[You can eat this cake if you are hungry.]

(3) If it is rainy, I will take a bus.
　　[I will take a bus if it is rainy.]
(4) Please ask me if you have (any) questions.
　　[If you have (any) questions, please ask me.]
(5) You can go home if you are tired.
　　[If you are tired, you can go home.]

セクション 52

(1) After you have　(2) After she comes
(3) after he gets　(4) after he arrived
(5) after it was

Q2

(1) After we had dinner
(2) After she comes back
(3) after she gets home
(4) after he arrived at his school
(5) after it was eleven

Q3

(1) I read a book after I took a bath.
　　[After I took a bath, I read a book.]
(2) He went to Tom's house after he studied in the library.
　　[After he studied in the library, he went to Tom's house.]
(3) It began to snow after I got home.
　　[After I got home, it began to snow.]
(4) I can watch a DVD after I finish my homework.
　　[After I finish my homework, I can watch a DVD.]
(5) She will call him after she washes the dishes.
　　[After she washes the dishes, she will call him.]

セクション 53

(1) Before you have
(2) Before she comes
(3) before he comes
(4) before it starts
(5) before it was

Q2

(1) Before you have breakfast
(2) Before she comes back
(3) before he comes home
(4) before it started raining
(5) before it is ten

Q3

(1) You have to [must] take off your shoes before you go into the house.
(2) Can you finish this work before he comes back?
(3) She arrived at the station before it started snowing [began to snow].
(4) Please close the windows before we leave [go out].
(5) He always reads a newspaper before he goes to work.

解説
いずれも，Before ～を前に置くこともできます。

セクション 54

Q1

(1) because he was
(2) because she studied
(3) because it is
(4) because she said
(5) because I can

(1) because he was young

(2) because she practiced hard

(3) because it is rainy

(4) because she said

(5) because I can meet my old friend

(1) I went to see a doctor because I was sick.

(2) I went to bed early because I was tired.

(3) She got wet because she forgot to bring her umbrella.

(4) He was very happy because he got a present from his friends.

(5) She drank juice because she was thirsty.

セクション 55

(1) to   (2) at   (3) on   (4) in   (5) for

(1) go to school on Saturdays

(2) The class starts at

(3) They came to Japan in 2019

(4) We will be in New York until Monday

(5) She has lived in Tokyo since

解説
不要語は，(1) in，(2) on，(3) on，(4) since，(5) for

(1) We work from Monday to Friday.

(2) My mother usually gets up at six (o'clock) in the morning.

(3) We have lived in Japan since 2017.

(4) We will[are going to] go to the sea in August.

(5) I will[am going to] stay in Kyoto for a week.

セクション 56

(1) at   (2) between   (3) on

(4) under   (5) in

(1) between (2) among   (3) on

(4) over   (5) beside

(1) They arrived in Japan

(2) There are several pictures on the wall

(3) Who is sitting beside Tom

(4) There are five hotels in my town

(5) My cat is sleeping on

解説
不要語は，(1) on，(2) under，(3) in，(4) on，(5) over

セクション 57

(1) at   (2) with   (3) about

(4) for   (5) on

(1) at   (2) for   (3) after

(4) off   (5) to

(1) We called on my grandfather last week.

(2) Let's get on this bus.

(3) Please look after[take care of] my dog. [Look after[Take care of] my dog, please.]

(4) We waited for my friend.

(5) She laughed at me.

セクション 58

(1) were   (2) had   (3) were
(4) were   (5) worked

(1) If I were a bird
(2) If he came to the party
(3) if I knew her phone number
(4) I could meet you
(5) Many people would be sad

(1) If I were a bird, I could fly freely.
(2) If I were there, I could meet you.
(3) If you didn't help me, I couldn't finish the work.
(4) If you had enough money, you could buy a new car.
(5) If I were younger, I would study abroad.

セクション 59

(1) were   (2) were   (3) would come
(4) could buy (5) I knew

(1) you were with me
(2) I could contact him
(3) I could speak English well
(4) I wish they came to the party
(5) I wish I could take videos

(1) I wish I were a musician.
(2) I wish I could buy a new car.
(3) I wish I had a camera.
(4) I wish I could speak Chinese like him.

(5) I wish I could meet[see] her.

セクション 60

(1) had gotten   (2) had known
(3) had had   (4) had been
(5) had not helped

(1) If it had rained heavily
(2) If I had known her phone number
(3) if he had been with us
(4) I would have taken my dog
(5) I would have joined the team

(1) If she had gotten up earlier, she would not have missed the train.
(2) If I had known your phone number, I could have called you.
(3) If you hadn't helped me, I could not have finished this homework.
(4) If he had come here, we would have enjoyed the party.
(5) If it had been fine yesterday, we would have gone[been] there.

解説
いずれも，if ～を文の後半に置くこともできます。

確認テスト 4

1
(1) when   (2) where, went
(3) How   (4) doesn't it
(5) before   (6) If it is

解説
(6) 天気や時間を表す表現では，主語は it を用います。

2
(1) It's a nice day, isn't it?

(2) I wish you could come.

(3) Your brother can speak English, can't he?

(4) How beautiful those pictures are!

(5) What a strong man he is!

3

(1) <u>What</u> → How

(2) <u>should I</u> → I should

(3) <u>doesn't</u> → didn't

(4) <u>on</u> → in

(5) <u>can</u> → could

4

(1) what you mean

(2) how we can get to the library

(3) when my mother came home

(4) I could have taken a picture

(5) What a beautiful sky it is

5

(1) why she didn't come here on March 20

(2) hard he worked

(3) I were you, I would not [wouldn't] say such a thing

[MEMO]